EN SAVOIR PLUS

Les grandes mythologies

GEORGES HACQUARD
Agrégé de l'Université

HACHETTE
Éducation

Dans la même collection

n° 1 *Les châteaux forts*
n° 2 *L'Égypte des pharaons*
n° 3 *Les Romains*
n° 4 *Les Grecs*
n° 5 *Les Hébreux*
n° 6 *Les Gaulois*
n° 7 *Les instruments de musique*
n° 8 *Les hommes préhistoriques*
n° 9 *Volcans et séismes*
n°10 *Explorations et découvertes*
n°11 *Des planètes aux galaxies*
n°12 *Le cinéma*
n°13 *Histoire des sciences*
n°14 *Histoire des Jeux olympiques*
n°15 *Histoire de la musique*
n°16 *Religions et croyances*
n°17 *Corps et santé*
n°18 *Les grandes mythologies*

Couverture (conception-réalisation): Jérôme Faucheux.
Intérieur (conception-maquette): Marie-Christine Carini.
Réalisation PAO, photogravure: FNG.
Recherche iconographique: Clam! / Christine de Coninck.
Cartographie: Hachette Classiques.

43, quai de Grenelle, 75905 PARIS CEDEX 15
ISBN : 2.01.166 985.5

SOMMAIRE

Mythes et prodiges

BOUDDHA
Statue en bronze doré (Thaïlande, XIVe-XVe s.). Bouddha, personnage historique, vécut au VIe s. avant notre ère. Ayant reçu l'« illumination » (c'est le sens de son nom), il prêcha sa doctrine pendant près de cinquante ans auprès des peuples de l'Inde. Au cours d'une de ses méditations, on aurait vu jaillir de son corps, en même temps, un bouquet de flammes et une pluie froide. Le bouddhisme s'est répandu dans le monde, plus particulièrement en Chine et au Japon.

Parmi les récits fantastiques qui trouvent place dans les diverses religions, certains apparaissent indiscutablement comme inventés par des hommes, soucieux de donner une explication à l'incompréhensible ou de romancer le quotidien. Inversement, d'autres récits, tout aussi prodigieux, sont considérés par les adeptes* de telle ou telle croyance comme rapportant des faits conçus et mis en œuvre par la divinité, faits certes extraordinaires, miraculeux, mais affirmés comme authentiques.

C'est ainsi que les anciens Grecs, pour définir un récit, disposaient de deux mots. Un *« muthos »* était un « mensonge », un conte, un récit né de l'imagination ; nous disons : un mythe. Par opposition, le terme *« logos »* servait à désigner un récit relatant des faits établis comme historiques.

Mythes, création de l'esprit humain

Le présent ouvrage se borne à traiter des mythes universellement reconnus comme tels, c'est-à-dire qualifiés par nos contemporains comme incontestable création de l'esprit humain.

Sans doute, certains récits se situent-ils au carrefour de la légende et de l'Histoire : ainsi, la guerre de Troie*, événement historique, est devenue, par le génie débordant des narrateurs, la matière d'une fabuleuse aventure, vécue en commun par les dieux et les hommes.

Prodiges, articles de foi

En revanche, l'image de Moïse fendant les flots de la mer Rouge, ou celle du Bouddha accomplissant le miracle dit de l'eau et du feu, appartiennent au domaine de croyances qui font de ces prodiges des articles de foi, appuyés sur des documents inspirés. Ces sujets d'un légendaire* sacré qu'on a scrupule à nommer mythologique, seront à leur place dans un ouvrage différent, appliqué aux religions présentes dans le monde d'aujourd'hui.

LE PASSAGE DE LA MER ROUGE
Fresque de Bartolo di Fredi (XIVe s.). Moïse, chef des Hébreux (XIIIe s. avant notre ère), entraîna son peuple hors d'Égypte où il était retenu captif. Poursuivi par les troupes de Pharaon, il vit s'écarter devant lui les eaux de la mer Rouge, lesquelles se refermèrent sur les ennemis.

L'ORIENT ANCIEN

En Égypte ancienne

Autour du Tigre et de l'Euphrate

Croyances des Perses

Chez les peuples de la mer

En Égypte ancienne

LE DIEU AMON
Statue de granit (XVe siècle avant J.-C.). Sous l'aspect d'un bélier, le dieu Amon est représenté assurant la protection de Pharaon, placé debout contre lui.

C'est à l'ancienne Égypte (3000 à 300 avant J.-C.) que nous devons les premiers récits mythologiques.

Au début de leur histoire, les Égyptiens adoraient les animaux de leur pays : crocodile, taureau, chat, cynocéphale*, serpent, scarabée... Créant plus tard des effigies* pour leurs innombrables divinités, ils conservèrent pour beaucoup d'entre elles les têtes d'animaux, prolongées par un corps humain : ainsi, le dieu majeur de l'Égypte, Amon-Râ (ou Rê), se voit parfois symbolisé par une tête de bélier ; Hathor, déesse nourricière, arbore une tête de vache ; Sekhmet, cruelle déesse des Batailles, est pourvue d'une tête de lionne ; Thot, dieu de la Science, d'une tête d'ibis*...

Par le nom double d'Amon-Râ, les Égyptiens assimilaient* Amon, le dieu *du* Soleil, adoré en Haute-Égypte, à Râ, le dieu-Soleil, adoré en Basse-Égypte.
Le roi Aménophis IV, dit Akhénaton (XIVe siècle avant notre ère), tenta, au cours d'un règne de vingt ans, d'imposer le culte* unique du disque solaire Aton.

À l'origine des temps...

À l'origine des temps, disaient les anciens Égyptiens, le dieu créateur Ptah, sur son tour de potier, façonna l'œuf primordial* d'où naquit l'univers.

OSIRIS SUIVI DU DIEU THOT
Peinture de tombe. Le souci des artistes égyptiens, architectes, sculpteurs, peintres, n'est pas différent de celui des embaumeurs* : c'est avant tout d'assurer, au-delà de la disparition physique, la permanence de l'être.

Nout, la voûte céleste, et Gheb, dieu de la Terre, s'unirent et donnèrent le jour à Osiris et Isis, qui s'unirent à leur tour, ainsi qu'à Nephthys et à Seth, qui s'unirent également.

Histoire d'Osiris, le dieu bon ressuscité

Osiris, devenu roi, apprit aux Égyptiens à cultiver le sol et leur fit connaître les bienfaits de la civilisation. Seth, dieu de l'Ombre et du Désert, affreusement jaloux de son frère, n'hésita pas à le tuer ; puis il dépeça son corps et jeta les morceaux en divers points du Nil. Isis, dans la plus grande détresse, se mit à parcourir le pays au long du fleuve, jusqu'à ce qu'elle eût réussi à rassembler tous les lambeaux dispersés. Elle les enveloppa de bandelettes, réalisant ainsi la première momie*. Alors, elle s'unit au corps d'Osiris ainsi reconstitué

ISIS ET SON FILS HORUS
La déesse Isis est avant tout une déesse mère et nourricière. Confondue avec la déesse vache Hathor, elle en conserve les cornes ornant sa coiffure.

LA TRIADE OSIRIENNE
Groupe en or et lapis-lazuli (x^e^-viiie s. avant J.-C.). La triade dite « osirienne » est formée d'Osiris (au centre), d'Isis (à droite) et de leur fils (à gauche), le dieu faucon Horus.

LE *KA* DU ROI
Statue de bois noir avec application de plâtre doré (xive s.). La figuration du *ka* est destinée à représenter la personnalité du défunt pour l'éternité. Cette statue grandeur nature, retrouvée dans l'antichambre du tombeau de Toutankamon, représente le jeune pharaon mort à dix-huit ans.

et mit au monde un fils, Horus. Celui-ci hérita des attributions* de son père sur la terre d'Égypte, cependant qu'Osiris, devenu dieu du Nil, allait régner sur l'au-delà*.

Le jugement des morts

Tout Égyptien avait le désir et l'espoir, après la mort, de rejoindre le royaume divin d'Osiris. Il croyait, en effet, à l'existence d'une âme immortelle et également d'un « double » du corps mortel (ka), destiné à lui survivre pour l'éternité, dans la mesure où le corps aurait pu, par l'embaumement*, échapper à la décomposition.

LA PESÉE DES ÂMES
Peinture sur papyrus. Le papyrus est une plante qui poussait sur les bords du Nil et que les Égyptiens, après lui avoir fait subir un traitement, utilisaient comme support de l'écriture et de la peinture. Le présent document est extrait du *Livre des Morts*, qui n'est autre qu'un guide du croyant vers et dans l'autre monde.

Dès sa séparation du corps, le double passe en jugement devant Osiris lui-même. Conduit par le dieu à tête de chien (ou de chacal) Anubis, il devra s'efforcer (la religion égyptienne est fondée sur le respect des valeurs morales) de plaider l'innocence de sa vie. Son cœur, siège de la conscience, est alors déposé sur le plateau d'une balance ; l'autre plateau contient la plume de la Justice. Si le cœur pèse plus lourd que la plume, il sera livré à un monstre à tête de crocodile, qui guette le verdict*. Dans le cas contraire, le défunt aura mérité d'être reconnu juste et bon. Le verdict est consigné et proclamé par le dieu scribe* Anubis.

Le double justifié* sera pris en charge par Horus, le dieu à tête de faucon, qui le mènera cérémonieusement vers le trône d'Osiris. Il jouira dès lors de la béatitude* éternelle. *« Le jour de la naissance à l'Éternité,* dit le prêtre aux funérailles*, *est un beau jour, car celui qui a été justifié revivra dans le corps innombrable d'Osiris. »*

La préservation des cadavres étant capitale, on comprend les mesures mises en œuvre pour assurer leur conservation et les protéger des violations. Mais ces pratiques onéreuses ne pouvaient concerner que des privilégiés de la fortune. « Pour les petites gens, une peau de bœuf ; pour les pauvres, un trou de sable dans le désert... »

Autour du Tigre* et de l'Euphrate*

TAUREAU AILÉ
Le taureau ailé à visage humain (et barbe assyrienne) et queue de lion représente à la fois l'intelligence de l'homme, la force du lion, la majesté de l'aigle, la fécondité du taureau.

DÉMON DANGEREUX
Statuette de bronze (VIIe siècle av. J.-C.). Le démon Pazuzu est le roi des mauvais esprits de l'air.

Chaldéens* et Assyriens* (4000 à 300 avant J.-C.), tout comme les Égyptiens, étaient polythéistes*. Ils adoraient les forces de la nature, tout particulièrement les astres, attentivement observés par des mages. Sin était dieu de la Lune ; Shamash, dieu du Soleil ; Ishtar, déesse de la planète Vénus. En outre, chaque ville avait son dieu.

Ils se figuraient ces dieux sous l'apparence humaine. Mais des divinités subalternes*, bons génies et démons* malfaisants, étaient représentées, les bonnes sous l'aspect de taureaux ailés à visage d'homme, les méchantes sous des formes variées d'horribles monstres.

Le recueil poétique de la *Création du Monde* exposait comment le dieu dominant de Babylone*, Mardouk, avait dû affronter toute une armée de géants pour s'assurer du pouvoir. Son temple s'accompagnait d'une tour carrée à étages (ziggourat*), à la fois sanctuaire* et observatoire.

Le Déluge

Le poème du *Déluge* rend compte du fléau* universel voulu et réglé par les dieux, excédés par le vacarme et la prolifération* incontrôlée de l'espèce humaine. Toutefois, l'un des dieux avertit un mortel, lui conseillant d'enfermer dans une embarcation « toute semence de vie », sa famille, les animaux de la campagne et de la steppe et les artisans spécialisés... Le septième jour, raconte le rescapé, l'ouragan s'apaisa, la mer se reposa, le déluge

cessa... « *Toute voix s'était tue, toute l'humanité était devenue de la boue, comme un toit plat le marais s'étendait... Je pleurai...* » Mais la vie ainsi préservée allait pouvoir reprendre sur la terre.

Le héros Gilgamesh

Un mythe très populaire détaillait les exploits fantastiques, à travers le monde, d'un homme d'exception : Gilgamesh, roi légendaire du troisième millénaire, « *qui a tout vu sur la vaste terre, qui a tout connu et tout compris, maître de toute sagesse* ». Il avait exterminé des animaux monstrueux qui infestaient le pays ; il n'avait pas hésité à défier les dieux ; il était parvenu à délivrer son compagnon prisonnier des Enfers* et à rapporter sur la terre la plante qui confère l'immortalité ; toutefois, il n'avait pu profiter de sa vertu magique, le serpent pervers ayant réussi à s'en emparer. Le héros Gilgamesh ressemble comme un frère à l'Héraclès des Grecs, l'Hercule des Romains.

LE HÉROS GILGAMESH
Statue d'albâtre*, d'une hauteur de 4, 30m (VIIIe s. avant J.-C.). Innombrables sont les figurations du plus célèbre des héros de la mythologie mésopotamienne, toujours confronté à un fauve. Ici, il est représenté pressant contre lui un lion qu'il vient d'étouffer.

LES ASTRES DIVINISÉS
Cette scène est gravée au sommet d'une borne de pierre noire destinée à protéger une propriété. Y sont figurés les principaux dieux des Astres : Sin, le dieu Lune, Shamash, le dieu Soleil, et Ishtar, la planète Vénus.

Croyances des Perses

AHURA MAZDA PROTÉGEANT LE ROI
Sceau cylindrique en agate appartenant au roi Darius Ier (VIe s. avant J.-C.). La scène apparaît sur la cire à cacheter. Sous la forme d'une créature ailée, le dieu du Bien plane au-dessus du Grand Roi pour l'assurer de sa protection. Darius, la couronne en tête, debout sur son char, décoche une flèche sur le lion dressé devant lui.

Les Perses adorent les éléments naturels, le feu, la terre, l'eau, l'air, la lumière... et une infinité de divinités. Ahura Mazda, dieu de la Lumière, en liaison avec les génies du Bien, mène la lutte contre son frère jumeau Ahriman et les génies du Mal.

Quand les rois de Perse auront réalisé la conquête d'un immense empire s'étendant de la Méditerranée à l'Inde (558-332) et comprenant notamment la Mésopotamie* et l'Égypte, chaque pays conservera sa religion, le roi – le Grand Roi* – s'affirmant seulement le représentant du dieu suprême de chacun de ces pays : Mardouk en Babylonie, Amon-Râ en Égypte. En Perse, il dit représenter le dieu Ahura Mazda.

Ainsi parlait Zarathoustra...

Dès le VIIe siècle avant J.-C., la mythologie perse a servi de support à une religion très élaborée reposant sur la loi morale, attribuée au prophète* Zarathoustra ou Zoroastre. Il confirmait que le monde était en proie à un conflit permanent entre le principe du Bien et de la Lumière – Ahura Mazda ou Ormuzd – et le principe du Mal et des Ténèbres – Ahriman.

L'homme peut et doit aider Ormuzd dans son combat, en menant une vie de travail, de générosité, de loyauté. L'âme, immortelle, est soumise après la mort à un jugement : ou elle aura mérité d'être précipitée dans l'Enfer ou elle sera autorisée à attendre auprès d'Ormuzd le temps de la résurrection.

Ainsi parlait Zarathoustra est le titre d'un poème philosophique en prose (1892) de l'écrivain allemand Friedrich Nietzsche. Il y expose et développe la doctrine du Surhomme, incarné selon lui par le prophète* iranien. La religion proposée par le prophète (le mazdéisme) sera reconnue comme officielle en Perse plusieurs siècles après sa mort. Elle est encore pratiquée de nos jours par les Parsis de l'Inde.

Le culte de Mithra

Pour les anciens Perses, le dieu Mithra, divinité du Soleil, était, entre Ormuzd et Ahriman, un agent conciliateur, réglant l'alternance de la lumière et des ténèbres.

Né dans une grotte au solstice d'hiver, il a dû lutter et souffrir sur la terre avant de gagner le ciel ; là, sa mission est d'aider les âmes des fidèles initiés à ses mystères sacrés et ayant pratiqué une vie vertueuse, à accomplir la même ascension à leur tour.

AHURA MAZDA COURONNANT LE ROI
Bahram Ier est le fils de Chapour Ier, vainqueur de l'empereur romain Valérien. La scène, sculptée dans la roche au IIIe s. de notre ère, représente l'« investiture » de Bahram : le dieu et le roi sont à cheval ; le dieu, à gauche, en un geste large, tend au roi le diadème qui fait de lui un authentique souverain.

Chez les peuples de la mer

LE DIEU BAAL
Stèle du XIVe siècle avant J.-C.
Le dieu est représenté, cornes en avant, armé d'une lance feuillue, la main droite brandissant son « foudre », faisceau de dards symbolisant la toute-puissance.

Les dieux phéniciens

Les Phéniciens croient en une divinité suprême, qui régit l'univers : El, père de tous les dieux.

Comme en Mésopotamie*, chaque cité a son dieu-maître, le Baal, auquel est associée une déesse souveraine, la Baalit. Carthage*, fondée par les Phéniciens, honore ses dieux sous le nom de Baal Hammon et Tanit.

La légende d'Adonis

La ville de Byblos pratiquait avec vénération le culte* d'Adonis. Celui-ci, racontait-on, au cours d'une chasse, avait été terrassé et tué par un sanglier. La déesse Astarté, qui l'aimait, descendit au royaume des Morts et, malgré la résistance de la déesse des Enfers*, qui s'était éprise de lui, elle obtint qu'il revînt chaque année passer quelque temps sur la terre. Honoré comme dieu de la Végétation, Adonis, après l'extrême sécheresse de l'été, renaît lors de chaque automne, à la grande liesse de ses fidèles.

LA DÉESSE ASTARTÉ
Bronze du XIXe-XVIIIe siècle avant notre ère.
La déesse Astarté, également nommée Ishtar, préside à la fois à l'amour et à la guerre.

PRÊTRESSE CRÉTOISE
Statuette de terre cuite émaillée, restaurée (XVIIIe-XVIIe s. avant J.-C.). Les Crétois n'ont pas eu le goût des statues de grandes dimensions. Celle-ci n'a pas tout à fait trente centimètres. Elle est particulièrement intéressante par l'élégance du costume, obéissant à certains canons* de la féminité (poitrine haute, taille de guêpe, ventre plat). La jupe à volants superposés affine la silhouette.

La religion crétoise

La Crète honorait tout particulièrement une déesse-mère*, ainsi qu'un dieu, symbolisé par un taureau. Le culte, célébré par des prêtresses, avait lieu dans des grottes ou dans les bois sacrés. Les Crétois croyaient à la survie de l'âme et se figuraient l'au-delà*, semble-t-il, à la manière des Égyptiens.

La mythologie grecque a annexé toute une part de la légende crétoise, concernant notamment l'édifice nommé Labyrinthe, construit par l'architecte Dédale, et son hôte monstrueux, le Minotaure, ou encore le roi Minos, qu'elle cite comme un des juges des Enfers.

SCÈNE DE TAUROMACHIE
Reconstitution d'une fresque du palais de Cnossos. Il s'agit d'une scène rituelle* mettant en scène le taureau et consistant, pour l'homme, à triompher, par son intelligence et son adresse, de la force bestiale. Les exercices pratiqués exigent à la fois astuce et souplesse.

LES GRECS

Les âges
de l'Humanité

Dieux et déesses
de la Grèce

Les héros grecs

Légendes
de l'Histoire

Les âges de l'Humanité

RHÉA DEVANT CRONOS
Cratère (vase à mélanger eau et vin). Les peintures de vases grecs à figures rouges sur fond noir datent de la période dite classique (Ve s. avant J.-C.).

Selon les poètes grecs, Gaia (ou Ghè), la Terre, a créé Ouranos, le Ciel. Elle l'a créé à ses propres dimensions, afin de pouvoir s'unir à lui. Elle a ainsi donné naissance aux Titans ; mais leur père, les prenant en haine, les a odieusement opprimés. Le dernier-né, Cronos, parviendra à renverser le père indigne et à s'emparer de son pouvoir.

L'âge d'or

Or Gaia, « mère universelle », avait commencé à peupler le monde de divinités et d'êtres humains. Sous le règne bienfaisant de Cronos, qui a épousé sa sœur Rhéa, tous vont connaître une ère de félicité, où soucis, douleur, vieillesse sont inconnus.

Cependant, Cronos se méfiait d'une action violente de la part de ses enfants ; aussi les avalait-il l'un après l'autre dès leur naissance. Rhéa parviendra à sauver le sixième, en lui substituant une pierre enveloppée de langes. Devenu grand, le rescapé, Zeus, réussira à faire restituer par Cronos ses frères et sœurs engloutis, à son tour chassera son père du trône et s'y installera lui-même.

L'âge d'argent

La race d'hommes qui allait succéder à la première, disparue avec Cronos, se révélera sans énergie et sans initiative, incapable de sortir d'une sorte d'état d'enfance.

De toutes les mythologies, celle des Grecs nous est la plus familière, la plus proche. Elle a nourri d'allusions nombre de locutions françaises ; elle n'a cessé d'inspirer les artistes, les écrivains, les penseurs ; elle donne des noms à des réalisations de la science contemporaine, voire à des marques d'automobiles ou de lessive!

Ému de cette impuissance, Prométhée, fils d'un Titan, décida de procurer à l'humanité le précieux élément qui éveillerait son ardeur et sa force : le feu. Furieux de ne plus être désormais possesseur exclusif du feu, Zeus châtiera Prométhée de façon exemplaire, l'enchaînant au sommet du Caucase*, où son foie sera sans répit rongé par un vautour.

ATLAS ET PROMÉTHÉE
Coupe étrusque imitée des Grecs, qui ont considérablement exploité le commerce des vases avec l'Italie. Les peintures de vases noires sur fond rouge sont antérieures au Ve siècle. Face à face, sont représentés les Titans Atlas et Prométhée, condamnés tous deux par le maître des dieux, le premier à porter le ciel sur ses épaules, le second à subir les assauts d'un insatiable vautour.

L'âge d'airain

Pourvus du feu, de la chaleur, de la lumière, fondant le métal, créant des armes, les hommes, devenus ingénieux et vigoureux, se crurent égaux aux dieux. Méprisant vertu et justice, ils se livrèrent sans frein à la violence et à la perfidie : ce fut l'âge d'airain, auquel Zeus, indigné, résolut de mettre fin en déchaînant un déluge universel.

L'âge de fer

Un couple, un seul, avait été autorisé à survivre : le fils de Prométhée, Deucalion, d'une édifiante piété, et son épouse Pyrrha. Et Zeus leur permit de reconstituer la race humaine, au moyen de pierres arrachées à la Terre, mère de toutes créatures.

C'est ainsi que commença l'âge de fer, l'âge des temps historiques. Or la race nouvelle, instruite de tous les moyens de progresser dans les techniques, ne respecte pas plus que la précédente la vertu et la justice. Le monde est en proie au doute et à la misère. Il reste aux hommes la fragile espérance d'un retour à des mœurs plus sages, qui seules pourraient ramener un âge d'or.

La naissance de l'univers et la généalogie des dieux grecs ont été rapportées par Hésiode (VIIIe s. avant notre ère) dans un long et magnifique poème, *La Théogonie*. Les mythes grecs nous ont surtout été transmis par les poètes et les auteurs dramatiques.

Dieux et déesses de la Grèce

ZEUS BRANDISSANT LA FOUDRE
Vase à parfum (lécythe) à figures rouges. Dieu de la nature entière, mais particulièrement dieu d'En-Haut, Zeus attache sa toute-puissance à la possession du feu du ciel. Les Cyclopes lui fournissent le tonnerre et les éclairs.

Les Grecs ont donné à leurs très nombreuses divinités la forme humaine. Ce sont des êtres grands et forts, immortels, ne connaissant ni la maladie ni la vieillesse. Mais ils sont sujets aux mêmes passions que les humains et se mêlent régulièrement à leur vie. On leur prêtait d'innombrables aventures.

Zeus, souverain suprême

Quand Zeus eut ramené ses frères et sœurs à la lumière, il octroya à chacun un pouvoir et des attributions* : conservant pour lui-même l'autorité suprême, particulièrement sur le ciel, il confia à Poséidon la maîtrise des mers et à Hadès l'empire souterrain. Parmi ses trois sœurs, Hestia, Héra, Déméter, il fit choix de Héra et l'épousa.

Zeus, la foudre au poing, domine en maître absolu le royaume des dieux, qu'il a établi au sommet de l'Olympe, le mont le plus élevé de la Grèce. Pour atteindre ce but, il aura eu à soutenir de terribles guerres contre les Titans, puis contre les Géants, tous fils de Gaia, jaloux de l'« usurpateur ». Triomphant de toutes les forces incontrôlées, désormais soumises à sa sagesse, il demeure sans conteste le régulateur souverain de l'univers.

Associée à la majesté de son époux, Héra est le modèle même de la femme, épouse et mère. Elle a mis au monde Arès, dieu de la Guerre, et également Héphaistos, dieu du Feu. Le premier, robuste et cruel, parcourt la terre en quête de conflits sanglants ; le second, confiné dans les entrailles de

l'Etna, où il anime tout un peuple de Cyclopes* forgerons, est laid et contrefait : il n'en est pas moins l'époux de la déesse de la Beauté, Aphrodite !

Les amours de Zeus

Épouse rigoureusement fidèle, Héra accepte d'autant moins les innombrables intrigues de son mari. Celui-ci, en effet, se complaît, sous des apparences variées, humaines, animales ou autres, à séduire déesses ou mortelles. C'est sous l'aspect d'un cygne inoffensif qu'il aborda Léda, épouse du roi de Sparte* ; sous celui d'un taureau bel et débonnaire qu'il enleva la princesse Europe ; sous la forme d'une pluie d'or qu'il s'introduisit auprès de Danaé, fille du roi d'Argos* ; et en revêtant la figure même de son époux Amphitryon* qu'il abusa d'Alcmène.

Héra ne cesse de poursuivre de sa haine et de sa vindicte* les conquêtes de Zeus et leur descendance. Elle multipliera les obstacles pour empêcher l'accouchement de Léto et la naissance de ses jumeaux Apollon et Artémis ; elle persécutera sa jeune prêtresse Io, bien que Zeus l'ait métamorphosée en génisse pour la soustraire aux représailles ; elle s'acharnera à perturber toute l'existence du fils d'Alcmène, Héraclès.

ZEUS ET LA PRINCESSE EUROPE
Cratère à figures rouges. Mais le taureau est peint avec son pelage blanc. Zeus, transformé en un taureau à la robe étincelante, s'incline devant la belle princesse phénicienne pour l'engager à s'asseoir sur sa croupe. Il la conduira en Crète, où l'image de Zeus-taureau rejoindra celles des mythes crétois.

LE MONT OLYMPE
La chaîne majestueuse de l'Olympe, résidence des dieux, culmine à près de 3 000 m. Située tout au nord du pays, elle est la plus élevée de la Grèce et est couverte de neiges éternelles.

LE REPOS D'ATHÉNA
Bas-relief* de marbre, hauteur : 0,60 m (ve s.). Comme les soldats dormant debout, appuyés sur leur lance, Athéna casquée se repose, soutenue par le fût de la sienne, dont la pointe est piquée à la base de la borne limite de son domaine : la ville d'Athènes. Elle est vêtue du péplos attique à court repli, fixé par des fibules aux épaules ; la rigueur des plis verticaux du drapé s'accorde à la gravité de l'attitude.

Les dieux d'En-Haut

Aux côtés du couple souverain séjournent les Olympiens.

Née de l'écume des flots, Aphrodite, déesse de la Beauté et de l'Amour, exerce un pouvoir absolu sur les passions des dieux et des hommes. Elle est assistée dans ses manœuvres par son fils Érôs, le petit archer bourreau des cœurs.

À la déesse du Caprice et du Délire des sens est résolument opposée Athéna, chaste déesse de la Raison. Née du cerveau de Zeus, elle en est sortie casquée et armée. Elle saura, quand il le faut, conseiller ses partisans et combattre à leurs côtés, mais elle préfère présider aux travaux pacifiques. Elle est la protectrice d'Athènes, qui édifiera pour son culte* le temple dit « de la vierge » : le Parthénon.

Farouchement attachée à la virginité est également Artémis, déesse de la Lune et de la Chasse. Née – difficilement – dans l'île de Délos*, elle se plaît à parcourir, l'arc au poing, les bois de la sauvage Arcadie* riche en gros gibier. Entourée de tout un cortège de nymphes, divinités des sources, des arbres et des montagnes, elle les entraîne dans ses équipées et leur impose la rigueur de ses mœurs.

À l'inverse d'Artémis, son frère jumeau Apollon, paré de tous les dons du corps et de l'esprit, est loin d'être insensible aux choses de l'amour. Il est dieu du Soleil mais également de la Musique et de la Poésie et a mission de porter la lumière tant sur le monde physique que sur les obscurités du destin : son oracle* de Delphes*, proclamé par la Pythie*, éclaircit les énigmes et dévoile l'avenir.

Sur les flancs du Parnasse*, Apollon tient une véritable cour, consacrée aux arts. Il y est rejoint

par les neuf Muses, créées pour charmer les dieux par leurs talents : Calliope pour l'éloquence, Clio pour l'Histoire, Érato pour la poésie, Euterpe pour la musique, Melpomène pour la tragédie, Polymnie pour le mime, Terpsichore pour la danse, Thalie pour la comédie et Uranie pour l'astronomie.

Fils d'Apollon, Asclépios est dieu de la Médecine ; il a pour emblème* le caducée* et porte la barbe, alors que son père est imberbe. Son sanctuaire* le plus fréquenté est celui d'Épidaure*.

Fils de Zeus comme Apollon, Hermès, subtil et infatigable messager du roi des dieux, est le protecteur des voyageurs et des commerçants.

Autre fils de Zeus – qui l'a, avant sa naissance, recueilli dans le gras d'une de ses cuisses –, Dionysos, après une multitude d'aventures, apparaît comme dieu de la Vigne, dont il enseigna la culture aux humains, et de l'ivresse créatrice : alors qu'Apollon incarne l'harmonie spirituelle, Dionysos agit en excitateur de l'élan vital. Il est escorté de divinités agrestes, agiles et délurées, à la fois hommes et boucs, les satyres. Pour son culte, les Grecs inventeront les représentations théâtrales, inspirées primitivement de sa légende.

APHRODITE ET ARÈS
Bas-relief de marbre. Souvent complices malgré leurs attributions* opposées : Aphrodite, déesse de l'Amour, et Arès, dieu de la Guerre. Autant la première est universellement vénérée, autant le brutal Arès, bien que fils de Zeus et d'Héra, s'est acquis l'antipathie aussi bien des dieux que des hommes. Arès et Aphrodite sont les parents du cher et redoutable petit dieu Erôs.

L'autre monde et ses dieux

Hadès, frère de Zeus, règne sur les Enfers*, séjour souterrain des morts. À son côté trône la reine Perséphone.

Perséphone est née de la déesse Déméter ; son père est Zeus, frère de Déméter (Zeus est donc à la fois son père et son oncle !). Pour faire d'elle son épouse, Hadès (son oncle), en grand secret, l'avait

C'est au cours des représentations théâtrales, qui faisaient partie des cérémonies religieuses, que les auteurs dramatiques rappelaient la tradition des grands mythes. Des chefs-d'oeuvre ont ainsi été créés, tout au long du ve siècle, par les poètes « tragiques » Eschyle, Sophocle, Euripide et le poète comique Aristophane.

HADÈS ET PERSÉPHONE
Plaquette votive en terre cuite (VIe siècle). Hadès et Perséphone sont représentés au royaume des Enfers, sur leur trône aux pieds griffus. Tous deux ont la tête ceinte du diadème, celui de la déesse étant recouvert d'un voile. Elle tient un coq, son animal consacré, dans la main droite (un autre est figuré sous le trône) et des épis de blé dans la main gauche (elle est fille de Déméter, déesse des Moissons). Hadès tient une coupe et un plant d'asphodèles, les fleurs des Enfers. Devant lui, le sceptre en forme de thyrse, baguette surmontée d'une pomme de pin, attribut habituel de Dionysos.

enlevée. Folle de douleur, Déméter s'était lancée à sa recherche, négligeant dès lors sa mission nourricière sur la terre et laissant celle-ci se transformer peu à peu en désert. Soucieux de cette situation, Zeus était intervenu auprès d'Hadès pour que Perséphone pût partager son temps entre sa mère et son époux.

Depuis, Déméter laisse s'endormir la végétation durant la partie de l'année où sa fille l'abandonne, pour favoriser de nouveau son éclosion – spécialement la production en blé – dès que Perséphone remonte avec elle dans l'Olympe.

Le culte rendu à Déméter à Éleusis* était à base de mystères*, l'objectif, pour les fidèles, étant la quête du bonheur de l'âme dans l'au-delà*.

Les morts, selon les croyances des Grecs, après avoir comparu devant le tribunal des dieux et franchi les flots boueux de l'Achéron* sur la barque du hideux Charon, se voient aiguiller, selon la qualité de leur vie, soit vers la lumière des champs Élysées,

L'existence de chaque être humain est contrôlée par les Moires (que les Romains nommeront les Parques), trois fileuses préposées, la première à fabriquer le fil de la vie, la seconde à le dérouler, la troisième à le trancher.

soit vers les ténèbres du Tartare. Les grands criminels y subissent des tortures éternelles.

Ainsi, Tantale, bien que fils de Zeus, qui s'était permis d'éprouver la clairvoyance des dieux en leur offrant dans un banquet la chair de son propre fils, est soumis, parmi des mets qu'il ne peut atteindre, à une faim et à une soif inextinguibles. Sisyphe, dont l'impiété* scandaleuse avait offensé Zeus lui-même, est condamné à rouler jusqu'au haut d'une pente un énorme rocher, lequel, dès qu'il touche le faîte, lui échappe et le contraint à recommencer son effort. Les Danaïdes, filles du roi Danaos, qui avaient poignardé leurs époux la nuit même de leurs noces, sont astreintes indéfiniment à puiser de l'eau pour remplir un tonneau sans fond.

POSÉIDON ET AMPHITRITE
Cette mosaïque destinée à recouvrir le sol représente le royaume de la Mer. Elle est d'origine romaine (IIIe s. après J.-C.), mais l'on sait que les Romains, qui ont adopté la mythologie grecque, se sont souvent appliqués à reproduire les œuvres des peintres grecs (Amphitrite n'apparaît pas dans le panthéon* romain). Ceints du diadème et nimbés*, sous le voile protecteur tendu par deux génies ailés, ils évoluent sans effort, le trident au repos, dans leur quadrige de chevaux à queues de poissons.

Les dieux des Fleuves et des Mers

Poséidon, frère aîné de Zeus, règne sur tout le domaine des eaux, mers, fleuves et lacs. Armé du trident, il ébranle ou apaise le mouvement des flots. Il vit au fond de l'océan avec son épouse Amphitrite et les sœurs de celle-ci, les belles Néréides, filles de Nérée, le « Vieillard de la mer ». Les tritons, mi-hommes, mi-poissons, leur font escorte.

À son fils Éole, Poséidon a confié la gestion des Vents. C'est dans une île voisine de la Sicile que vents hostiles et vents favorables, selon la décision d'Éole, restent enfermés ou lâchés dans la nature.

Les fleuves et les rivières sont autant de divinités aux réactions imprévisibles, dont les Grecs, dans un pays souvent privé d'eau, ont intérêt à s'attirer la bienveillance.

Les héros grecs

PERSÉE TUANT LA GORGONE
Décor sur un col de jarre (VIIe siècle). Méduse, des trois sœurs monstrueuses appelées Gorgones, était la seule qui fût mortelle. Persée s'attaqua donc à elle : afin de pouvoir la décapiter en évitant de rencontrer son regard fatal, le héros réussit à détourner la tête. Du sang de Méduse naquit le cheval Pégase, représenté ici comme sortant du corps de la Gorgone.

Les hommes valeureux que la mythologie grecque désigne sous le nom de héros appartiennent à la génération de l'âge d'airain. Ils sont pour la plupart nés d'un dieu et d'une mortelle ou d'un mortel et d'une déesse.

Leurs prouesses sont nombreuses et fantastiques. Celles que nous rapportons sont parmi les plus célèbres.

Persée

Fils de Danaé, princesse d'Argos*, que Zeus avait visitée sous l'apparence d'une pluie d'or, Persée fut, à sa naissance, jeté dans un coffre à la mer. En effet, l'oracle* avait annoncé au roi d'Argos qu'il mourrait victime de son petit-fils.

Sauvé des flots, Persée allait devenir un solide jeune homme prêt à tous les exploits. Il devait triompher de la Gorgone Méduse, monstre hideux doué du pouvoir de pétrifier quiconque croisait son

Chaque région de la Grèce a ses propres héros, dont elle est fière et à qui elle rend un culte* :
Argolide : Persée ; Attique : Thésée ; Béotie : Œdipe ; Îles ioniennes : Ulysse ; Laconie : Castor et Pollux ; Thessalie : Achille et Jason ; Thrace : Orphée...
Héros du Péloponnèse, Héraclès est pratiquement honoré comme le héros de la Grèce tout entière.

regard. Du sang de Méduse naquit le cheval ailé Pégase, que Persée enfourcha.

Découvrant la princesse Andromède exposée en sacrifice* à la voracité d'un dragon, il abattit celui-ci, délivra la captive et l'épousa.

Participant à des jeux funèbres* auxquels le destin avait également conduit le roi d'Argos, Persée devait, au lancer du disque, frapper à mort accidentellement son grand-père.

Appelé à lui succéder sur le trône, il préférera échanger Argos contre Tyrinthe* et fondera plus tard la ville de Mycènes*.

Orphée

Orphée ne tient pas sa gloire de ses exploits physiques mais de ses dons de poète et de musicien. Sous le charme de sa voix et de sa lyre, la nature tout entière s'apaise, les fauves mêmes se montrent soumis.

Le malheur l'étreignit quand son épouse Eurydice, passionnément aimée, vint à mourir. Les accents de sa douleur, soulignés par la lyre, émurent Hadès, qui autorisa Orphée à descendre aux Enfers pour reprendre sa femme. Une condition lui était imposée : ne pas regarder en arrière tant qu'ils n'auraient pas regagné la terre. Orphée fut incapable de tenir l'engagement : Eurydice disparut aussitôt à tout jamais.

Ce voyage d'Orphée au royaume de la mort devait amener certains Grecs à chercher une explication nouvelle de l'univers et de ses origines et à proposer une doctrine concernant la destinée de l'homme : c'est l'orphisme.

ORPHÉE JOUANT DE LA CITHARE
Vase du IVe siècle. Le poète est représenté, le visage inspiré, vêtu du riche costume des Thraces. Il pince la cithare, instrument perfectionnant la lyre, qu'il a inventée et pourvue de neuf cordes. La cithare se compose d'une table sonore de bois, encadrée de deux montants, eux-mêmes reliés par une traverse portant les clés des cordes.

HÉRACLÈS COMBATTANT L'HYDRE DE LERNE
Vase à parfum à figures noires (VIe siècle). Aussitôt qu'une tête de l'hydre était tranchée, deux têtes repoussaient à sa place ! Héraclès s'avisa d'utiliser des tisons ardents (le braséro est figuré au bas de la peinture) et parvint peu à peu à brûler et à réduire en cendres toutes les têtes.

Héraclès

Dès sa naissance, Héraclès eut l'occasion de montrer son exceptionnelle vigueur en étouffant deux serpents envoyés par Héra dans son berceau. Les circonstances se multiplieront où il aura à faire preuve d'une force surnaturelle, avec une soumission absolue à la très arbitraire et cruelle volonté des dieux.

C'est ainsi qu'il se verra imposer une série d'épreuves, toutes surhumaines, qu'on nomme ses douze « travaux ». Il étranglera un terrible lion qui dévastait la région de Némée* ; il détruira l'hydre à neuf têtes des marais de Lerne* ; il tuera un monstrueux sanglier qui hantait l'Érymanthe* ; il capturera une biche aux cornes d'or et aux sabots d'airain ; il exterminera les oiseaux avides de chair humaine du lac Stymphale ; il détournera le lit de deux fleuves pour nettoyer les étables du roi Augias* ; il domptera un taureau furieux qui terrifiait la Crète ; il exécutera le roi Diomède*, qui donnait ses sujets en pâture à ses juments ; chargé de conquérir la ceinture magique de la reine des Amazones*, se croyant trahi, il anéantira les guerrières ; il capturera le troupeau de bœufs du géant au triple corps, Géryon ; il s'emparera des pommes d'or du jardin des Hespérides* ; il descendra aux Enfers* pour amener sur la terre le redoutable chien à trois têtes, Cerbère, gardien du séjour des morts.

Outre les « travaux » dont la liste est célèbre, multiples sont d'autres exploits prodigieux rapportés par diverses traditions.

Son épouse Déjanire provoquera involontairement la dernière péripétie de cette vie tragique. Elle lui envoie, convaincue de s'assurer ainsi la fidélité

HÉRACLÈS CAPTURE LE CHIEN DES ENFERS
Hydrie (vase à eau) à figures noires (Ve s.). Il s'agit du dernier des « douze travaux » surhumains imposés à Héraclès par son cousin, le roi d'Argos Eurysthée. Le peintre a représenté le héros lui amenant le chien infernal à trois têtes, Cerbère : de frayeur, le roi se cache dans une jarre.

de son époux, une tunique imprégnée du sang du centaure* Nessos qu'il a tué. À peine Héraclès l'aura-t-il revêtue qu'il se sentira dévoré par un feu inextinguible. Au point qu'il décidera de mettre un terme à ses jours : il mourra sur le bûcher* qu'il s'est dressé lui-même sur le mont Œta*.

Thésée

Thésée était fils du roi d'Athènes Égée. Celui-ci, vaincu par les Crétois, avait à fournir chaque année à leur roi Minos un tribut de jeunes Athéniens, destinés à la pâture d'un monstre, le Minotaure. Fruit d'une passion insensée de la reine Pasiphaé, le Minotaure, corps d'homme et tête de taureau, était enfermé dans le Labyrinthe, un palais dont, une fois engagé dans ses couloirs, on ne pouvait retrouver l'issue. Thésée obtint de faire partie du contingent sacrifié, réussit à égorger le monstre, et, grâce à une pelote de fil qu'il avait reçue de la fille même de Minos, Ariane, il put regagner la sortie du palais.

THÉSÉE AFFRONTANT LE MINOTAURE
Peinture à figures rouges sur vase de bois. Thésée assomme le monstre à tête et queue de taureau et corps humain avant de l'exécuter.

Il avait annoncé que, s'il revenait vainqueur, il ferait remplacer les voiles noires de son vaisseau par des voiles blanches. Mais il oublia sa promesse, et le roi Égée son père, apercevant les voiles funèbres*, se précipita dans la mer qui, depuis, porte son nom.

Thésée devint roi – et un excellent roi – d'Athènes et il épousa une autre fille de Minos, Phèdre.

Quant à Minos, ayant appris que la ruse d'Ariane lui avait été suggérée par l'architecte du Labyrinthe, Dédale, il emprisonna celui-ci dans son étrange construction en compagnie de son fils, Icare. Sachant qu'ils ne pourraient s'enfuir par le chemin horizontal, Dédale fabriqua deux paires d'ailes, qui leur permirent de s'évader par la voie des airs. Mais Icare, se rapprochant inconsidérément du Soleil, vit fondre la cire qui fixait les ailes à ses épaules et il s'abîma dans la mer.

Œdipe

Laios, roi de Thèbes, ayant appris par un oracle* que son fils le tuerait et épouserait sa propre mère, exposa* l'enfant nouveau-né pour qu'il fût la proie des bêtes sauvages. Mais le bébé fut recueilli par un berger qui le porta au roi de Corinthe. L'enfant, ayant été accroché par un pied, fut surnommé Œdipe (Pied-Gonflé), et le roi l'adopta pour son fils.

Parvenu à l'âge d'homme, Œdipe est informé par l'oracle de Delphes* du destin qui lui est réservé. Croyant que le roi et la reine de Corinthe sont ses parents, il décide de ne pas retourner auprès d'eux. Or, tandis qu'il prenait le chemin de Thèbes, il est amené à se défaire d'un homme dont l'attelage

ŒDIPE INTERROGÉ PAR LE SPHINX
Cratère à figures rouges. Le jeune Œdipe, en tenue de voyage, rencontre le Sphinx aux portes de Thèbes. Le monstre, buste de femme pourvu d'ailes et corps de lion, se prépare à poser sa terrible devinette.

s'opposait au sien. Il venait, sans le savoir, de tuer le roi Laios, son véritable père.

Aux portes de Thèbes, il rencontre le Sphinx, monstre à buste de femme et corps de lion, qui sème la terreur en dévorant les voyageurs incapables de répondre aux énigmes qu'il propose. *« Quel est l'être qui marche à quatre pattes le matin, à deux à midi et à trois le soir ? »*, demande le Sphinx. Œdipe comprend qu'il s'agit de l'homme : enfant, adulte et vieillard portant bâton. Vaincu, le Sphinx s'écrase contre les rochers.

Fêté en sauveur par les Thébains, Œdipe va se voir offrir le trône vacant ainsi que la main de la reine Jocaste. Quatre enfants naîtront de cette union, deux garçons et deux filles.

La peste s'étant abattue sur la région, l'oracle va déclarer qu'elle ne cessera que si se révèle le meurtrier de Laios. Œdipe conduit lui-même l'enquête, découvre l'affreuse vérité : Jocaste se pend de honte ; Œdipe se crève les yeux et prendra le chemin de l'exil, sous la conduite de sa fille Antigone.

Le docteur Freud, père de la psychanalyse, a donné le nom de « complexe d'Œdipe » à l'attirance qu'il a cru déceler chez les enfants pour leur parent du sexe opposé alors qu'ils éprouveraient de l'hostilité pour le parent de sexe identique.

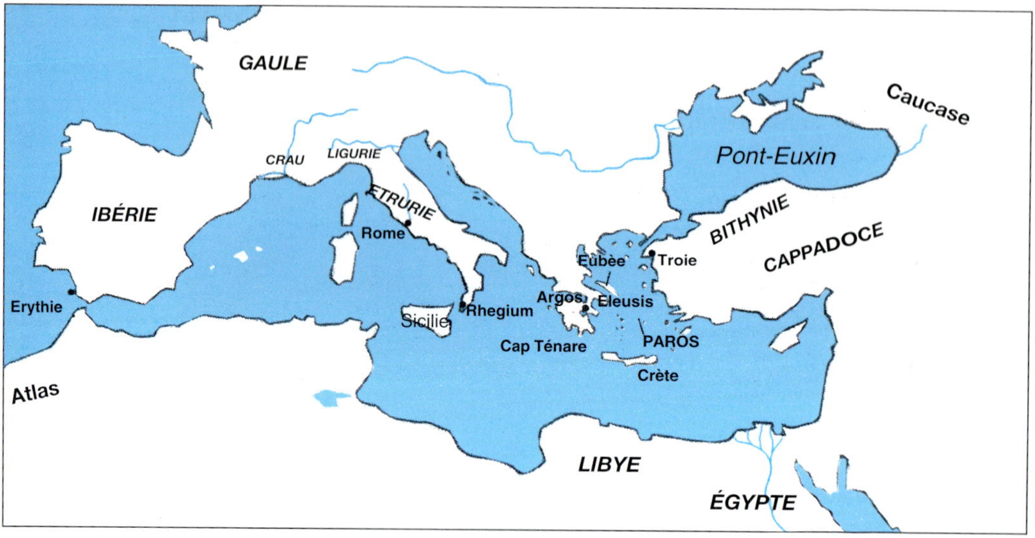

CARTE DES EXPÉDITIONS
Sur cette carte peuvent être suivis à la fois le périple des Argonautes et ceux engendrés par la Guerre de Troie.

Nous avons vu que des faits certainement historiques, comme le Déluge (*un* déluge), avaient donné lieu à diverses explications et interprétations de type mythologique. C'est le cas notamment pour l'expédition des Argonautes et la guerre de Troie*.

L'expédition des Argonautes

Pélias, qui avait confisqué le pouvoir au détriment de son frère Éson, était roi de Iolcos en Thessalie*. Jason, fils d'Éson, ayant revendiqué l'héritage paternel, Pélias lui donna son accord s'il réussissait à lui procurer la Toison d'or. Il s'agissait de la précieuse toison d'un bélier sacré, conservée en Colchide* par le roi Éétès.

Jason releva le défi. Il fit construire un navire à voiles et à rames, l'*Argo* (le Rapide) et recruta les plus vaillants aventuriers de son temps. On cite, parmi ceux-ci, Castor et Pollux, Héraclès, Méléagre, Pélée et Télamon, et l'aède* Orphée, chargé de scander la cadence des rameurs.

Après plusieurs escales, dont certaines tournèrent à l'affrontement, l'expédition atteignit l'embouchure du fleuve Phase*, but du voyage. Jason exposa au roi la mission qui lui était imposée. Éétès déclara qu'il se dessaisirait de la toison si Jason accomplissait et réussissait une série d'épreuves.

Jason allait bénéficier de la complicité amoureuse de la fille du roi, Médée, dotée de pouvoirs magiques. Il put ainsi triompher de tous les obstacles et solliciter le prix convenu.

Or, reniant sa parole, le roi projeta de faire incendier le navire *Argo* et massacrer ses occupants. Médée intervint aussitôt : elle endormit le dragon préposé à la garde de la toison, dont Jason put s'emparer. Puis Médée mit en pièces le corps de son jeune frère et dispersa les morceaux au long de la route, de manière à retarder la poursuite d'Éétès, occupé à les recueillir.

Le navire reprit alors sa route, emmenant Médée. Se dirigeant vers l'ouest, il parvint aux bouches du Danube et s'engagea dans le fleuve. Convoyant le bâtiment par chemins de terre, les Argonautes gagnèrent ensuite le Pô, puis le Rhône et descendirent jusqu'à la Méditerranée pour se diriger vers la Grèce.

Il fallut neutraliser les Sirènes, dont les chants, par bonheur, se révélèrent moins envoûtants que ceux d'Orphée ; on dut échapper aux agressions de

JASON OFFRANT À PÉLIAS LA TOISON D'OR
Cratère à figures rouges. Jason, ayant accompli les prodiges exigés et vécu les aventures les plus fabuleuses, se présente devant le roi Pélias pour obtenir de lui qu'il lui restitue le trône de ses pères. Suivi de Médée qui n'a cessé de le protéger, il dépose aux pieds du roi la fameuse toison.

C'est à Homère, le poète aveugle (VIIIe siècle avant J.-C.), qu'on attribue deux des plus belles œuvres poétiques de tous les temps, l'*Iliade* et l'*Odyssée*, qui chantent l'une les péripéties de la guerre de Troie (également appelée Ilion), l'autre les prodigieuses aventures d'Ulysse (graphie romaine du nom grec Odusseus) à son retour de la guerre.

Charybde et de Scylla, deux monstres installés sur le détroit de Messine* ; on dut faire front à une furieuse tempête et à toutes sortes d'embûches et de violences.

Au retour de Jason à Iolcos, Pélias, tout comme Éétès, renia sa parole : il refusa de céder son trône. Jason alla s'installer à Corinthe. Au bout de quelques années, le roi de cette ville lui offrit d'épouser sa fille : Jason alors répudia Médée. Celle-ci se vengera cruellement en égorgeant les enfants que Jason lui avait donnés.

La guerre de Troie

Le drame commence par un concours de beauté : Héra, Athéna, Aphrodite consultent le plus beau des mortels, Pâris, pour qu'il désigne la plus belle d'entre elles. Il choisit Aphrodite, déesse de la Beauté et de l'Amour ; elle le récompense en lui promettant l'amour de la plus belle des mortelles. La plus belle des mortelles est l'une des filles de Léda et du cygne : Hélène, épouse du roi de Sparte* Ménélas. Pâris se présente à Sparte et enlève la belle Hélène.

LE JUGEMENT DE PÂRIS
Boîte à fard (pyxis) à figures noires (VIe siècle).
Le berger Pâris, fils de roi, est représenté, au centre du groupe, en habits de prince ; il est entouré des trois déesses, parmi lesquelles il aura à faire un choix difficile et dramatique. Le sujet convenait pour décorer un accessoire de la coquetterie féminine.

Pâris est l'un des fils du roi de Troie, Priam. Les rois grecs, solidaires de Ménélas, décident d'aller reprendre Hélène chez les Troyens. Le chef désigné de l'expédition sera le roi de Mycènes*, Agamemnon, frère de Ménélas, dont l'épouse est sœur d'Hélène. Les dieux ne seront pas les derniers à participer à la guerre. Ils choisiront leur camp ; par exemple, Aphrodite soutiendra les Troyens, alors qu'Athéna et Héra, par vengeance, combattront aux côtés de leurs ennemis.

Première épreuve : les voiliers, faute de vent, se refusent à quitter le port d'Aulis. Le devin* consulté révèle que seule l'immolation* à Artémis d'Iphigénie, fille aînée d'Agamemnon, pourrait réveiller les éléments. Agamemnon y consent. Les vents se lèvent, et la flotte prend la mer.

Pendant dix ans, les Grecs vont assiéger la citadelle de Troie. Sans résultat. Surtout lorsque le bouillant Achille, le plus vaillant des Grecs, bafoué par Agamemnon, se retire du combat.

Il ne reprendra les armes que lorsque son ami Patrocle sera tombé sous les coups d'Hector, frère aîné de Pâris. Alors Achille met tout en œuvre pour exterminer les Troyens et tout particulièrement Hector, qu'il tue en combat singulier.

Mais Achille lui-même va trouver la mort. Sa mère, la Néréide Thétis, l'avait, à sa naissance, plongé dans l'eau du Styx*, qui confère l'invulnérabilité* ; mais le talon par lequel elle le retenait avait échappé à l'ablution* magique, et c'est au talon que l'atteindra la flèche mortelle tirée par Pâris.

La place de Troie restant imprenable, les Grecs pensèrent qu'il fallait recourir à un stratagème. Ils construisirent un gigantesque cheval de bois, dans les flancs duquel ils cachèrent l'élite de leurs guerriers.

MÉNÉLAS ET HÉLÈNE
Amphore à figures rouges. Durant la terrible dernière nuit de Troie, Ménélas cherche et retrouve Hélène. Le premier mouvement est de la menacer de son épée, mais la belle Hélène plaide non coupable : elle n'a été qu'un instrument entre les mains des dieux. Ménélas pardonnera.

Ils feignirent ensuite de se replier et firent croire aux Troyens que ce cheval, offrande à Athéna, assurerait l'avantage à ceux qui en seraient dépositaires. Aussitôt, les Troyens, repoussant les avis hostiles, firent entrer le cheval dans leurs murs.

La nuit venue, les guerriers grecs sortent de leur cachette, ouvrent les portes de la ville à l'armée grecque rapidement revenue. En un instant, Troie devient un brasier et succombe au plus affreux des carnages.

La victoire obtenue, Hélène rendue à Ménélas, les retours des vainqueurs seront dramatiques. Notamment pour Agamemnon, à qui son épouse n'aura pas pardonné le sacrifice* d'Iphigénie et qu'elle fera assassiner dès les retrouvailles. Ses enfants, Électre et Oreste, se chargeront de venger leur père.

ULYSSE ET LE CYCLOPE
Reconstitution d'un groupe monumental en marbre du Ier siècle après J.-C., lui-même copie d'un original en bronze du IIe siècle avant notre ère. Pour échapper au Cyclope Polyphème qui les a emprisonnés et s'est repu de la chair de plusieurs d'entre eux, Ulysse et ses compagnons ont décidé d'aveugler le monstre en enfonçant un épieu dans son œil unique.

Le retour d'Ulysse

Quant à Ulysse, roi d'Ithaque*, le plus astucieux de tous les Grecs, il devra errer sur les mers pendant dix nouvelles années avant de retrouver son île et son palais. Il aura eu à faire face aux plus inattendues et aux plus terribles mésaventures. En particulier, capturé sur la terre des Cyclopes*, il n'échappera à leur emprise qu'en éborgnant le monstrueux Polyphème ; il abordera chez la magicienne Circé, qui transformera ses marins en pourceaux ; il ne triomphera des maléfices* des Sirènes qu'en se faisant attacher au mât de son navire ; mais son navire sera foudroyé par Zeus, parce que les marins se sont nourris sur les troupeaux de l'île du Soleil. C'est à la nage qu'il abordera sur l'île des Phéaciens*. La fille du roi, Nausicaa, recueillera le naufragé et l'emmènera au palais. De là, il pourra enfin regagner sa patrie.

À son retour (après vingt ans d'absence), il apprend que son épouse Pénélope est harcelée par une foule de princes qui prétendent à sa main et à la possession de ses biens. Elle a beau répéter qu'elle ne se décidera qu'après avoir mis le dernier point à un tissage (qu'elle défait chaque nuit), elle est sans cesse menacée, ainsi que son fils Télémaque.

Ulysse intervient à temps, tue les soupirants et se fait reconnaître de Pénélope, auprès de qui il aura bien mérité de vivre en paix.

ULYSSE ÉCHAPPANT AUX SIRÈNES
Cratère à figures rouges. Pour être à même d'échapper aux maléfices des Sirènes, il fallait que les rameurs fussent empêchés d'entendre leur chant envoûtant : Ulysse les obligea à boucher leurs oreilles à la cire. Pour lui, qui devait rester maître de tous ses sens, il se fit attacher au mât de son navire. Les Sirènes de l'Antiquité sont figurées sous la forme d'oiseaux à buste féminin, accompagnant leurs chants sur la lyre. Plus tard, les légendes non grecques représenteront les Sirènes avec un corps de poisson.

LES ROMAINS

Les dieux
de Rome

Les mythes
de l'Histoire

Les dieux de Rome

TEMPLE DE VESTA
Denier d'argent (Ier siècle avant J.-C.). Vesta étant la déesse du Foyer, chaque cité, comme chaque famille, lui consacre un sanctuaire*. Les temples de Vesta sont de forme ronde, couverts d'un toit conique, rappelant la forme des premières cabanes des Romains.

À la différence des Grecs, les Romains primitifs manquent d'imagination pour expliquer l'univers ou pour raconter les aventures de leurs dieux. Leur mythologie est une mythologie sans mythe.

Les divinités nationales

Les Latins adorent une multitude de divinités spécialisées dans tous les actes de la vie quotidienne. La plus ancienne est Vesta, protectrice du foyer, de chaque famille mais également de chaque cité. Elle est assistée par les lares, gardiens de l'enclos, et les deux pénates, responsables des victuailles.

Trois divinités importantes sont réunies en « triade » : Saturne, Janus, Mars.

Saturne est un dieu fertilisateur de la terre, à la fois laboureur et vigneron.

Janus est dieu de la Lumière, à l'origine de toute vie et donc de toute entreprise. Le premier mois de l'année (Januarius : janvier) lui est consacré. Préposé au contrôle des portes, il a comme tel double visage, l'un tourné vers l'intérieur, l'autre vers l'extérieur. Son temple est situé à l'entrée du forum* : en temps de guerre, il est tenu ouvert, afin de permettre au dieu de sortir pour aider les Romains.

Mars, d'abord divinité de la Végétation, est le dieu des Combats, paysan et soldat comme tout Romain.

Les Étrusques* (VIe siècle avant J.-C.) installeront à Rome une triade différente, composée de Jupiter, Junon et Minerve.

Jupiter est dieu du Ciel et du Tonnerre ; on le prend à témoin dans les serments.

Junon, déesse de la Lumière, est la protectrice des femmes.

Minerve est déesse de l'Intelligence.

LA TRIADE CAPITOLINE
Elle tire son nom de la colline de Rome où elle siégeait (le Capitole). Les divinités sont accompagnées chacune de son oiseau consacré : chouette de Minerve, aigle (en partie détruit) de Jupiter, paon de Junon.

LE DOUBLE JANUS
Monnaie d'or.
Le dieu Janus, qui se trouve être notamment le dieu de la Porte, se présente avec deux visages, l'un tourné vers l'intérieur, l'autre vers l'extérieur.

APOLLON MUSICIEN
Fragment de fresque. Le dieu, sur son trône, s'apprête à jouer de la lyre. Cet instrument apparaît ici sous sa forme primitive : une carapace de tortue constitue la table sonore, sur laquelle sont fixés les deux montants réunis par une traverse ; de celle-ci partent les cordes (trois à l'origine).

DIANE CHASSERESSE
Mosaïque du IIe siècle après J.-C.
Court vêtue, chaussée de solides brodequins, Diane parcourt les forêts munie de son arc et de ses flèches. La biche est son animal consacré.

La mythologie gréco-romaine

Les conquêtes amenèrent les Romains à accueillir chez eux les dieux des peuples vaincus, à leur trouver des points communs avec leurs dieux nationaux et à emprunter leurs mythes.

L'intermédiaire des Étrusques favorisa l'adoption de la cosmogonie* des Grecs et le rapprochement de leurs dieux avec les dieux latins.

Ainsi, les Romains convinrent que la Terre et le Ciel (Uranus) avaient donné naissance aux douze Titans, le dieu italique Saturne revêtant l'identité de Cronos ; ayant été chassé du ciel par son fils, il avait trouvé refuge dans le Latium* et y avait fait régner l'âge d'or.

Divinité infernale, Dis Pater fut assimilé à Hadès sous son surnom grec de Pluton (le Riche), et l'épouse de celui-ci, Perséphone, à la déesse étrusque Proserpine. De la même façon, Jupiter fut assimilé à Zeus (Ciel et Toute-puissance), Junon à Héra (Ciel et Mariage), Minerve à Athéna (Intelligence) – Junon et Minerve étant respectivement épouse et fille de Jupiter.

L'Olympe romano-grec continua à se peupler, réunissant Cérès (Terre et Fécondité), réplique romaine de Déméter ; Diane (Lune, Chasse), réplique d'Artémis ; Mars (Guerre), d'Arès ; Mercure (Commerce), d'Hermès ; Neptune (Mer), de Poséidon ; Vénus (Amour et Beauté), d'Aphrodite ; Vesta (Foyer), d'Hestia ; Vulcain (Feu), d'Héphaistos.

Quant au dieu grec Apollon (Soleil, Arts), il entra directement dans le panthéon* romain avec son nom et sa personnalité helléniques, les Romains, peu artistes dans leurs débuts, n'ayant aucune divinité nationale à lui comparer.

CÉRÈS
Mosaïque
(IIIe s. après J.-C.).
Couronnée d'épis, la déesse est nonchalamment étendue parmi les fleurs et les plantes dont elle assure la vitalité et l'éclat.

Les Romains et les dieux d'Orient

Outre les divinités de la Grèce, les Romains ont fait accueil aux dieux orientaux. Tout particulièrement à la déesse mère Cybèle (assimilée à la Rhéa des Grecs), qui se verra confier, en association avec son fils Jupiter, la domination de l'univers tout entier.

Les armées de l'Empire introduiront également à Rome le culte* du dieu perse Mithra ; avec une conviction telle qu'il se substituera peu à peu à tous les cultes existants. Il sera systématiquement opposé à la croyance en Jésus-Christ, et l'empereur Dioclétien, persécuteur du christianisme, proclamera Mithra « protecteur de l'Empire ».

MITHRA ET LE SACRIFICE DU TAUREAU
Bas-relief en marbre (IIe-IIIe s. après J.-C.).
Représenté sous l'aspect d'un jeune homme coiffé du bonnet phrygien*, Mithra a la mission de sauver les âmes de ceux qui ont reçu l'initiation à ses mystères*. Pour y parvenir, il exige l'immolation* du taureau, considéré comme puissante source de vie.

ÉNÉE BLESSÉ
Fresque.
Atteint au combat par une flèche du héros grec Diomède, protégé de Minerve, Énée est soigné sous le regard de sa mère, la déesse Vénus, laquelle sera à son tour blessée par le héros grec. À la gauche d'Énée, son fils, le jeune Iule (ou Ascagne).

« *L'Antiquité,* a dit l'historien latin Tite-Live, *a le privilège de faire intervenir les dieux à la naissance des villes, pour leur imprimer un caractère plus auguste.* » C'est ainsi que la fondation de Rome (datée de 753 avant notre ère) se trouve originairement procéder* du fameux jugement de Pâris, prononcé au profit de la déesse Vénus (l'Aphrodite des Grecs) !

Énée, fils de Vénus

Or Vénus n'avait pas attendu ce verdict* flatteur pour accorder ses faveurs à des Troyens : éprise du Troyen Anchise, elle lui avait donné un fils, dont le roi Priam avait fait son gendre : c'était Énée.

Tout au long de la guerre de Troie*, Énée devait se manifester parmi les héros les plus vaillants. Au cours de l'effroyable dernière nuit – où périt notamment Créuse, son épouse –, il eut la vision de sa mère Vénus, qui lui ordonna de prendre la mer avec les Troyens survivants, afin d'aller reconstituer ailleurs une patrie.

Énée emmena son père et son jeune fils Iule. Après une longue errance en Méditerranée, une terrible tempête suscitée par Junon, toujours hostile aux Troyens, poussera les vaisseaux sur les rivages de l'Afrique. La reine de Carthage*, Didon, va accueillir les naufragés et s'éprendre du héros. Mais Jupiter enjoint à Énée l'ordre de se rembarquer. Le pieux Énée obéit ; il s'enfuit sans revoir Didon, qui, de désespoir, se livrera au bûcher*.

VIRGILE
Mosaïque (IVᵉ s.).
Virgile, le plus grand des poètes latins, raconte, dans l'épopée de l'*Énéide* (Iᵉʳ siècle avant J.-C.), les tribulations d'Énée.

Énée en Italie

Énée aborde en Campanie*. La sibylle* de Cumes* le conduit aux Enfers*, où il apprendra de la bouche de son père Anchise (mort au cours du voyage) l'avenir de gloire promis à sa descendance.

Il remonte ensuite les côtes italiennes et jette l'ancre à l'embouchure du Tibre. Le roi Latinus lui offre sa fille en mariage.

Latinus mort, Énée lui succédera et il installera les dieux de Troie en terre latine. Après la mort d'Énée, son fils Iule fondera la ville d'Albe*, qui deviendra la métropole du Latium*.

ÉNÉE PORTANT SON PÈRE ANCHISE
Coupe grecque à figures noires. Énée, fuyant Troie sur l'ordre de sa mère Vénus et du fantôme d'Hector, emmène son jeune fils (on distingue ses jambes) et, sur ses épaules, son vieux père Anchise.

Romulus et Rémus, fils de Mars

Une dizaine de rois, descendants d'Iule, se succéderont sur le trône d'Albe. Le dernier, Amulius, avait usurpé le pouvoir de son frère aîné et voué sa fille Rhéa Silvia à la déesse Vesta et au célibat.

Or le dieu Mars visita la vestale* et la rendit mère de deux jumeaux, Romulus et Rémus. Furieux, Amulius fit jeter le berceau des nouveau-nés dans le Tibre alors en crue. Mais le berceau devait s'échouer au pied de la colline du Palatin*, et l'on vit une louve, envoyée par Mars, offrir ses

ROMULUS ET RÉMUS ET LA LOUVE
Bas-relief*.
Dépêchée par le dieu Mars, père de Romulus et Rémus, une louve qui venait de mettre bas allaite miraculeusement les jumeaux.

LES SABINES
Tableau de Louis David. Les peintres du XVIIIe s., comme beaucoup d'écrivains et d'hommes politiques de l'époque révolutionnaire, se sont souvent inspirés de la tradition romaine. Les Romains de Romulus ayant enlevé les filles des Sabins, ceux-ci ont déclaré la guerre : mais les Sabines se sont précipitées entre les combattants pour arrêter le massacre.

mamelles aux nourrissons ! Témoin du prodige, le berger Faustulus recueillit les jumeaux dans son foyer et les éleva.

Naissance de Rome

Quand les deux frères, adolescents, eurent la révélation de leur origine, ils levèrent une bande de compagnons pour aller rétablir leur grand-père sur le trône d'Albe. Puis ils résolurent de fonder à leur tour une ville. Qui des deux en serait le roi ? Celui qui aurait observé le nombre d'oiseaux le plus élevé. Romulus va l'emporter : il fait choix du site du Palatin. Alors qu'il trace à la charrue le fossé qui entourera les murailles, Rémus, par dérision, franchit d'un saut le sillon. Romulus dégaine l'épée et lui fend le crâne, pour conjurer* le sort et donner l'exemple.

Romulus crée un lieu d'asile, où vont affluer les aventuriers et les exclus. Pour leur procurer des épouses, il a l'idée d'organiser des jeux et invite les voisins, les Sabins. Sur un signal, les Romains se précipitent sur leurs filles et les enlèvent !

Les Sabins déclarent la guerre : mais les Sabines s'interposent entre leurs parents et leurs maris pour les supplier de faire la paix. Sabins et Romains ne formeront dès lors qu'un seul peuple.

Le dualisme Latins-Sabins serait-il à l'origine de la légende des jumeaux fondateurs ? Il semble certain aux historiens que les Sabins imposèrent leur loi aux Latins, et l'orgueil national aurait inspiré aux Romains un dénouement qui leur est favorable.

« Faits, faux et fables. »

Tout au long de l'histoire de Rome au temps des rois et dans les débuts de la République, le mythe s'emmêlera encore avec les faits authentifiés.

LE SERMENT DES HORACES
Tableau de Louis David, considéré comme le manifeste de l'école classique de peinture. Le décor ne tient pas compte de l'époque très primitive où s'est produit cet événement légendaire. Les trois frères Horaces, choisis pour représenter la patrie romaine dans sa lutte contre sa voisine, la ville d'Albe, ont été réunis par leur père avant le combat : ils ont à prêter serment, entre ses mains, de vaincre ou de mourir. Deux femmes pleurent : l'une d'elles, sœur des Horaces, est fiancée à l'un des guerriers albains, les Curiaces. Corneille, dans sa tragédie *Horace*, a imaginé qu'une sœur des Curiaces est l'épouse de l'un des Romains.

C'est l'intervention de la nymphe Égérie auprès du roi Numa dans l'organisation de la vie religieuse des Romains. C'est l'épisode des trois Horaces* et des trois Curiaces, marquant la mainmise de Rome sur Albe. C'est l'introduction de l'Étrusque Tarquin* à la cour du roi en qualité de gouverneur des jeunes princes, masquant l'invasion conquérante des Étrusques. C'est le drame de Lucrèce*, outragée par le fils du roi étrusque et vengée par le peuple : symbole de la réaction nationale de Rome secouant le joug étrusque. Ce sont, dans la guerre de libération contre les Étrusques, les exploits d'Horatius Coclès, défenseur d'un pont à lui tout seul ; de Mucius Scaevola, offrant sa main droite au brasier pour n'avoir pu tuer le roi ennemi ; de la jeune Clélie, prise en otage et traversant le Tibre à la nage pour échapper à la capture.

C'est aussi l'apparition des Dioscures*, Castor et Pollux, venus miraculeusement secourir la cavalerie romaine aux prises avec une dernière attaque étrusque, et allant, au galop de leurs coursiers blancs, annoncer la victoire aux Romains en plein forum* !

CELTES ET GERMAINS

Mythologie des Celtes

Mythologie germanique

Mythologie des Celtes

LAIE GAULOISE
Cette laie en bronze pouvait servir d'enseigne dans les troupes gauloises. Animal mythique, la laie, tout comme son mâle le sanglier, était aussi, pour les populations, une nourriture de choix.

C'est au IXe siècle avant notre ère que les Celtes, venus d'Europe centrale, envahirent la Gaule, puis au VIIIe siècle. qu'ils s'établirent en Grande-Bretagne et en Irlande.

Gaulois et Romains

Les Celtes installés en Gaule sont polythéistes* ; ils vénèrent les hauts lieux, les eaux, les arbres, les animaux : cheval, taureau, sanglier, ours, corbeau, serpent... Mais, sous le contrôle de leurs prêtres, les druides*, ils se sont donné également des dieux à forme humaine.

Comme les dieux des premiers Romains, les dieux gaulois n'ont pas d'histoire. Une triade réunit Teutatès, dieu père de tous les Gaulois, Ésus, dieu de la Guerre, et Taran, dieu de la Foudre et de la Pluie. La prospérité du sol et peut-être les forces des ténèbres sont représentées par une divinité à l'aspect étrange, Cernunnos, dont la tête est surmontée d'une ramure de cerf, symbole de puissance.

Quand Jules César occupa la Gaule, la mythologie romaine s'imposa à la religion celte. C'est ainsi que César pouvait écrire : *« Les Gaulois adorent Mercure, Apollon, Jupiter, Mars et Minerve. Ils se font de ces dieux à peu près la même idée que les autres peuples. »*

En revanche, le culte* de la déesse gauloise Épona, protectrice des chevaux et des cavaliers, se répandra dans l'empire jusqu'aux régions du Danube.

LA DÉESSE ÉPONA
Statuette de bronze du IIIe siècle après J.-C. La déesse celtique Épona protège les chevaux, les cavaliers et les voyageurs. Elle est représentée assise sur une jument.

Les Celtes insulaires

À l'inverse des Gaulois, les Celtes de Grande-Bretagne et d'Irlande ont une mythologie qui leur est propre. Abondamment développée jusqu'à l'époque chrétienne, elle se verra, à partir du Ve siècle de notre ère, constituée en cycles* cohérents, dans lesquels interviennent dieux et héros, mais dépouillés de leurs caractères surnaturels.

C'est le cas de l'épopée bretonne du roi Arthur, type accompli du chevalier celte, dont la figure historique a peut-être vécu au Ve ou au VIe siècle, mais dont les aventures recoupent celles de personnages du légendaire* primitif.

Élevé par l'enchanteur Merlin, seigneur du pays des Fées (la forêt de Brocéliande*), Arthur accomplit des exploits surhumains grâce à son épée magique Excalibur. Il a créé l'ordre des chevaliers de la Table ronde (forme qui exclut les conflits de préséance), tous auteurs de maintes prouesses ; leur obsession est la « quête » du Saint-Graal, vase dans lequel a été recueilli le sang du Christ.

Au cycle arthurien se rattache celui du roi Mark de Cornouailles, de la reine Yseult et de Tristan, neveu du roi. Yseult et Tristan ont bu tous deux accidentellement un philtre* magique qui les unira jusqu'à la mort dans un amour coupable mais irrépressible.

Tous ces récits, repris par de nombreux poètes du Moyen Âge, donneront lieu en France à une floraison de « romans courtois* », où s'allient mystique* et féerie.

C'est une tradition celtique liée aux rites du feu et aux pratiques funéraires qui survit, dans les pays anglo-saxons, la veille de la Toussaint, avec la fête d'Halloween.

LES CHEVALIERS DE LA TABLE RONDE
Le cycle du roi Mark est relié à celui du roi Arthur. Cette enluminure du XVe siècle, illustrant le *Roman de Tristan*, montre Arthur accueillant Tristan à la Table ronde. Tristan (assis de face, vêtu de rouge) prête serment de tout entreprendre pour accroître l'honneur de la Table ronde.

En 1865, le compositeurs allemand Richard Wagner consacrera un opéra au destin dramatique de *Tristan et Isolde*. Le poète français Jean Cocteau, en 1943, renouvellera et actualisera le mythe avec le scénario du film *L'Éternel Retour*.

Mythologie germanique

LE CHAR DU SOLEIL
Ce groupe, représentant de façon naïve le char du disque solaire tiré par un cheval, date de l'âge du bronze. Le disque était recouvert d'une mince feuille d'or.

Cette mythologie, répandue dans les régions de l'Europe occupées par les Germains (sud de la péninsule scandinave et Allemagne du Nord), accuse des parentés avec celles des peuples voisins, notamment Celtes et Romains.

Le monde des dieux germaniques

Au commencement ont été les géants (les trolls*) ; ils personnifiaient les phénomènes naturels. Les dieux sont leurs enfants. Les premiers hommes naîtront, par la volonté des dieux, de l'herbe ou de la glace fondue.

L'univers se présente sur trois niveaux : le ciel où règnent les dieux, la terre des hommes, également fréquentée par les dieux (les dieux ayant tous figure

TROIS GRANDES DIVINITÉS
Tapisserie d'art viking (XIIe s.). De gauche à droite, toutes trois couronnées, sont présentées de face trois grandes divinités du panthéon* germanique : Odin (borgne, portant la hache), Thor (et son marteau), Freyja (portant un épi de blé).

humaine) et confiée à la déesse Nerthus, et le séjour des morts, gouverné par la déesse Hel.

Les dieux, de naissance, appartiennent à deux races ennemies : l'une guerrière, les Ases, l'autre pacifique, les Vanes. Après s'être longtemps opposés dans des conflits sanglants, ils finiront par se réconcilier, dans l'espoir de se débarrasser ensemble des géants, dont ils contestent les attributions*.

Le dieu Odin ou Wotan

Le roi des Ases, Odin (également appelé, selon les régions, Wotan), après s'être imposé devant ses deux frères Thor (également appelé Donar) et Tyr (également appelé Tinz), est devenu le principal dieu des Germains.

Dieu de la Guerre mais aussi de la Poésie et de la Sagesse (il a consenti à perdre un œil pour devenir plus sage), Odin règne dans le Walhalla, séjour sacré des dieux, où sont également accueillis les guerriers tombés en héros. Il est l'époux de Frigga, déesse de la Fécondité, souvent confondue avec Freyja, déesse de l'Amour, appartenant à la race de Vanes.

Autour d'Odin s'affairent les Valkyries, déesses vierges, servantes et guerrières blondes aux yeux bleus. Ce sont elles qui offrent la bière et l'hydromel aux hôtes du Walhalla ; ce sont elles aussi qui décident qui aura la victoire sur le champ de bataille et qui aura l'honneur de périr en combattant.

Il arrive qu'Odin provoque lui-même la mort d'un héros dont il souhaite la compagnie dans le Walhalla. Ce fut le cas de Siegmund. Odin lui avait

LE WALHALLA
Pierre gravée du Xe s. La gravure représente sur plusieurs niveaux le Walhalla, séjour sacré des dieux germaniques. C'est un immense palais richement décoré, au toit recouvert de boucliers resplendissants, et doté de cinq cent quarante portes, dont chacune pouvait donner accès à huit cents soldats se présentant de front.

SIGURD FORGEANT
Sculpture sur bois (portail d'église, XIIIe s.). Selon certaines traditions, Sigurd aurait été élevé dans une forêt par un forgeron. On voit ici les deux hommes en train de forger Gram, l'épée merveilleuse.

procuré une épée magique, grâce à laquelle il avait multiplié les prouesses. Or, au cours d'un nouvel affrontement, Siegmund vit apparaître un vieillard borgne de haute taille, coiffé d'un grand chapeau, drapé dans un ample manteau et porteur d'une longue lance. C'était le dieu Odin : il braqua sa lance sur Siegmund, dont l'épée se brisa aussitôt. Siegmund se trouva alors à la merci de son adversaire, qui l'abattit.

Avant de mourir, Siegmund pria qu'on recueillît les tronçons de son épée : si son fils, Siegfried (Sigurd des Scandinaves), parvenait à les souder, il connaîtrait un jour les mêmes triomphes qu'il avait personnellement connus. Le poème épique de l'Allemagne médiévale, *La Chanson des Nibelungen*, conte les exploits surhumains de Siegfried.

Un autre épisode de la légende d'Odin rapportait qu'il se perça lui-même de sa lance, subissant ainsi la mort pendant neuf jours, afin de ressusciter doté d'une nouvelle jeunesse.

TYR ET LE LOUP
Dessin du XVIIIe siècle. Le monstrueux loup Fenrir, fils du méchant dieu Loki, tranche la main du courageux et téméraire Tyr.

Thor et Tyr

Les Romains compareront le dieu Odin à Mercure. C'est le dieu Thor, frère d'Odin, qu'ils assimileront à leur Jupiter. Divinité du tonnerre, armé de son marteau de pierre, Thor représente le type idéal du guerrier germanique, rude, infatigable, invincible ; son emblème* est la croix gammée.

Tyr, divinité du ciel, est rapproché du dieu Mars. Il est présenté manchot ; en effet, ayant courageusement mis la main dans la gueule d'un loup monstrueux que les dieux voulaient enchaîner, il avait vu sa main tranchée d'un coup de crocs.

Elfes et nains

Hors du Walhalla, des êtres mystérieux de petite taille sont organisés en sociétés : les elfes et les nains.

Les elfes, légers et malins, hantent les rivières et les forêts ; ils se plaisent au jeu et dansent la nuit au clair de lune.

Les nains, barbus et contrefaits mais ingénieux et savants, vivent dans les profondeurs des montagnes. Ils en creusent les flancs pour arracher à la terre pierres et métaux précieux. *La Chanson des Nibelungen* conte que le héros Siegfried convoita le trésor du roi des nains ; il dut soumettre le redoutable nain Alberich qui en avait la garde et put ainsi s'en rendre maître.

PIERRE RUNIQUE
On donne le nom de runes aux caractères d'un très ancien alphabet des Germains et des Scandinaves, dont on attribuait l'invention au dieu Odin. De forme allongée, les lettres épousaient la fibre de la planchette de bois sur laquelle elles étaient gravées. Plus tard, elles ont été peintes sur des pierres ou sur des plaques de métal. On leur attribuait des vertus magiques.

Présence des esprits

Enfin, des êtres mythiques, les esprits, sont incessamment présents dans l'entourage des hommes.

Entre autres, trois d'entre eux, représentant le destin, agissent directement sur l'histoire de chacun. Ce sont les nornes, trois fileuses (rappelant les Moires des Grecs) qui personnifient le Passé, le Présent et l'Avenir.

De même, les âmes des morts interviennent dans la vie des Germains, qui les craignent et les honorent. Elles peuvent se réincarner*, parfois sous forme animale, pour tourmenter les vivants.

LOKI BOUCHE COUSUE
Pierre gravée du XIe siècle.
Loki ayant perdu un pari contre un nain, celui-ci lui perça les lèvres et lui cousit la bouche. C'est ainsi qu'est représenté ici le dieu pervers.

Loki, le Satan des Germains

Le nom de Loki se rattache à une racine évoquant le feu. Ce dieu de la race des Ases est une réplique du Satan de la tradition biblique. Sa malignité*, ses trahisons, ses crimes lui ont valu l'hostilité de tous les autres dieux ; aussi prend-il plaisir à se venger sur leurs proches, leurs épouses qu'il séduit ou leurs enfants.

Ainsi, Balder, fils d'Odin et de Frigga, dieu de la Lumière, pourvu de tous les dons du corps, du cœur et de l'intelligence, sera pour Loki une victime idéale. Les dieux, les hommes, les bêtes, les arbres et les rochers, tous pleureront la mort de Balder.

Pour les Germains, les dieux ne sont pas immortels, et Balder a subi le sort des humains. Après avoir exprimé leur peine, les dieux décident de châtier l'odieux Loki et ils le chargent de chaînes. Mais Loki s'évade et se rend auprès des géants, chez qui il sait trouver un précieux concours pour attaquer les dieux.

Le Crépuscule des dieux

Le défi est lancé. Ases et Vanes, réunis sous la conduite d'Odin, à la tête de guerriers innombrables, assistés des Valkyries, résistent à l'assaut des géants. Mais voici que surgit du rang ennemi le loup sanguinaire qui a jadis mutilé le dieu Tyr. Odin se précipite sur lui, mais le monstre, qui n'est autre qu'un géant métamorphosé en loup, dans sa vaste gueule engloutit le père des dieux.

Tyr part alors à la recherche de la bête ; il ne retrouvera que sa dépouille, le fils d'Odin l'ayant

Le *Crépuscule des dieux* est le titre du dernier des quatre opéras formant la *Tétralogie*, dans lesquels Richard Wagner a interprété (livret et musique) la légende de l'Anneau du Nibelung (1852-1876).

assommée. Mais bondit sur lui le chien des Enfers*, avec qui il luttera à mort : le chien sera tué, mais Tyr succombera à ses morsures.

Thor, de son côté, voit jaillir un énorme serpent, métamorphose d'un autre géant, exhalant un souffle empoisonné : le dieu lui fracasse la tête de son marteau, mais le poison le paralyse, et il tombe terrassé.

Les grands dieux disparus, les géants vont transformer l'univers en un immense brasier. Les océans déborderont, engloutissant la terre.

Mais, un jour, du gouffre devait émerger un monde nouveau. Une nouvelle génération de dieux allait apparaître, à la suite de Balder ressuscité. De la rosée du matin allait naître une nouvelle race d'hommes, nos propres ancêtres. Et ceux-ci purent lire, dans les runes gravées dans la pierre, la promesse d'un bonheur qui comblera l'univers.

ODIN ATTAQUÉ PAR LE LOUP
Pierre gravée (Xᵉ s.). Odin lui-même aura beau jouer de l'épée contre le terrible Fenrir, le loup sanguinaire, il n'échappera pas à la gueule béante qui l'engloutira. Au-dessus du casque du dieu est figuré l'un de ses corbeaux familiers.

LE DIEU THOR
Dessin du XVIIIᵉ siècle. Doté d'une stature imposante et d'une force exceptionnelle, le dieu Thor représente le type idéal du guerrier germain. Le marteau est son arme de prédilection.

SLAVES ET FINNOIS

Mythologie
des Slaves

Mythologie
des Finnois

Mythologie des Slaves

DÉESSE SLAVE
Broderie, artisanat russe. Cette femme entourée de deux cavaliers, souvent représentée dans l'artisanat russe, serait une Grande Déesse slave, du nom de Mokoš, également appelée Maîtresse des animaux.

Le peuple slave ancien, tel que nous le percevons à partir du VIe siècle de notre ère, est formé de tribus, vivant dans les étendues de forêts et de lacs de l'Europe centrale et orientale.

Les croyances et les rites* varieront suivant les caractères de ces populations et leur évolution et compte tenu de l'immensité des espaces, les habitants des villes ayant une mythologie moins simpliste que celle du monde rural.

Les puissances naturelles

D'une manière générale, les Slaves ont vu dans l'origine de l'univers l'opposition, en blanc et noir, de la lumière et des ténèbres.

DÉESSE AU RAMEAU
Tenture de feutre, art scythe du IIIe s. av. J.-C. Ce personnage en qui l'on voit une déesse scythe siège sur un trône à pieds tournés et dossier recourbé en fer de lance. L'immense bouquet fleurit également en fer de lance.

La Terre et le Ciel ont le statut d'êtres suprêmes, créateurs et souverains.

La Terre est la mère de l'univers. Elle est rigoureuse et juste. Elle a donné naissance à une multitude d'esprits, qui ont pouvoir d'exterminer les germes du mal. Elle parle à ses fidèles : dans son langage mystérieux, l'homme peut entendre des conseils et des prédictions.

Le Ciel est le père des dieux. Ses premiers fils sont le Soleil et le Feu. Il laissera à l'aîné, le Soleil, le soin de régner sur l'univers.

Le Soleil réside en Orient ; son char l'entraîne chaque matin pour accomplir dans la journée le tour de la voûte céleste. Au début de l'été, le Soleil s'unit avec la Lune ; il s'éloigne d'elle en hiver pour la rejoindre au printemps suivant. Leur union a donné naissance aux étoiles.

Autour du Soleil se tiennent les deux vierges Aurore du matin et Aurore du soir, ainsi que les sept représentants des planètes.

Les Slaves gardent également une dévotion pour les Vents, trois frères aux impulsions douces ou violentes, qui ont élu domicile l'un dans le Nord, un autre dans l'Est, le troisième dans l'Ouest.

IDOLE DU SOLEIL
Art russe
(XVIe-XIe s. avant J.-C.).
Le dieu est représenté
la tête entouré
de rayons.

Divinités des forêts et des campagnes

À peine le Ciel avait-il créé les dieux qu'un groupe d'esprits malins s'était dressé contre sa puissance. Il les punit en les précipitant sur la terre.

Les uns tombèrent sur les forêts et dans les rivières, d'autres dans des lieux habités. Les premiers conservèrent le naturel turbulent et malfaisant

ORNEMENT DE HAMPE
Bronze scythe, hauteur : 0,35m (ve s. avant J.-C.). De tels objets étaient destinés à être fixés par la douille sur un support vertical. Associés par deux ou par quatre, ils délimitaient un espace, vraisemblablement dans un but religieux. Les clochettes ajoutaient le signal sonore à l'enseigne visuelle. Elles s'accrochent ici aux becs et aux ailes déployées des rapaces. Au centre : la statue du dieu, lui-même couronné par un oiseau.

qui avait causé leur perte ; les autres, au contact des humains, devaient perdre leur agressivité et, les tribus s'étant diversifiées en familles, fraterniser avec celle qui les logeait.

Dans les contrées voisines de la Germanie, on vénérait une déesse de la Chasse, galopant sur son cheval l'arme au poing, qui n'est pas sans rappeler la Diane des Romains.

Enfin, les grands fleuves, Danube, Dniepr, Don, Volga, sont tenus pour des dieux et honorés comme tels.

Dieux de la Guerre et dieux de l'Amour

Un énorme glaive, un étendard et un cheval blanc sont les attributs de Sviatovit (ou Sventovit), dieu de la Guerre, pourvu du don de prophétie*. Il détient une corne de taureau remplie de vin : si son contenu décroît, l'année s'annonce médiocre.

À ses côtés figurent trois dieux guerriers : Rugievit aux huit glaives, Iarovit au bouclier d'or et Radigast à la bipenne*, conseiller de Sviatovit, dieu de l'Honneur et de la Force.

Aux divinités de la Guerre, la mythologie slave oppose des dieux de l'Amour et du Plaisir.

Yarilo, dieu du Printemps et de la Fécondité, est un garçon d'une grande beauté, vêtu de blanc, monté sur un cheval blanc et tenant en main un bouquet d'épis. C'est le dieu de l'Amour.

Koupala est un dieu de la Force et de la Joie. Il distribue en juin une rosée qui possède des propriétés miraculeuses. Il propose une herbe magique, sorte de fougère, qui protège celui qui la cueille des esprits malveillants.

SIRÈNE
Attache de chaudron, art scythe (VIIe s. avant J.-C.). Cette élégante sirène témoigne des relations nouées par les Scythes du Caucase avec les Grecs installés sur les rives de la mer Noire.

De joyeuses fêtes champêtres entourent les cultes* de Yarilo et de Koupala. Elles ont été célébrées avec le même naturel jusqu'à l'aube du XXe siècle.

Nombre de mythes slaves se sont maintenus très tard dans la « sainte Russie » christianisée.

LION AILÉ
Art scythe (VIIe s. avant J.-C.). Cette statuette de lion ailé à buste humain témoigne des relations nouées par les Scythes avec les Assyriens. La pierre blanche du visage est incrustée de pierres de couleur.

Mythologie des Finnois

MASQUE RITUEL
Grand masque (0,40 m) de bois peint, avec fourrure et corne de bélier. Il représente une divinité mi-homme mi- animal qui se manifestait en Hongrie au solstice d'hiver.

Parlant des dialectes* issus d'une même langue, le finnois, les peuples dits ougro-finnois se situent en colonies dispersées sur un immense territoire, de la Laponie à la Finlande et de la Hongrie aux plaines de la Volga et à la Sibérie occidentale.

Leur mythologie peut être en partie reconstituée grâce à un vaste poème des Finnois de l'ouest, formé (au XIXe siècle) par la réunion de chants et de légendes populaires : le *Kalevala*.

Leur héros, Väinämoïnen, se veut représentatif de l'idéal finlandais. Opposant la réflexion à la violence, il préfère triompher par son chant et sa cithare plutôt que par sa hache de fer.

L'univers mythologique des Finnois

À l'origine des temps, les Finnois placent un dieu créateur, qui fait retentir le tonnerre et tomber la pluie. Plusieurs divinités l'entourent, dont la déesse de l'Air, Ilma, qui mettra au monde Luonnotar, dont le nom signifie Fille de la Nature.

Celle-ci désira mettre un terme à une solitude qui lui pesait. Elle abandonna les demeures célestes et se posa sur l'océan. Le vent vint la caresser et la rendit mère.

Ballottée par les flots, elle demeura longtemps – sept siècles ! – à trouver un asile. Un aigle qui cherchait à déposer ses œufs avisa son corps, flottant sur les vagues, et les y logea. Quand les œufs s'ouvrirent, leur fond donna naissance à la terre ;

leur sommet, au ciel ; le jaune, au soleil ; le blanc, à la lune ; des débris de coquilles, aux étoiles.

Toutes les forces de la nature seront représentées par des divinités bienveillantes : la forêt, les champs et les plantes, les eaux. En revanche, de mauvais génies infestent aussi bien le monde terrestre que le monde aquatique.

Quant au royaume des morts, c'est un pays lointain entouré d'un fleuve aux eaux noires. L'ombre y est plus lourde qu'ailleurs, mais des arbres y vivent et les rayons du soleil y parviennent. Le dieu Tumi y règne avec son épouse et ses filles, divinités des Maladies et des Douleurs. À l'entrée du séjour fatal, le monstre Surma, personnifiant le destin, s'abat sur tout être qui s'approche.

TAMBOUR DE SORCIER
Bois et tissu (Sibérie méridionale). Les prêtres sorciers nommés chamanes disposaient de sortes de tambourins qui étaient censés porter l'image de l'univers. Ils pratiquaient leurs incantations* au son de ces tambours, à l'intérieur desquels les esprits pouvaient trouver refuge.

ESPRIT DOMESTIQUE
Le nombre d'« esprits » qui habitent l'univers des Finnois est infini. Cette figurine rudimentaire (bois et tissu) représente un esprit protecteur d'un foyer.

LES AMÉRIQUES

Un fonds commun

Le Nouveau-Monde est trop vaste pour que l'ensemble fort disparate des peuples qui vivaient dans ce continent avant la colonisation aient pu avoir une mythologie commune. Et cependant, nombreuses sont les analogies observées à travers les différentes croyances, mais également avec les religions de l'Égypte et de la Grèce et les traditions bibliques. C'est ainsi, par exemple, que le mythe du Déluge, tant est à la fois vitale et redoutée la puissance de l'eau, apparaît comme universel.

Les mythologies « américaines » admettent, comme beaucoup d'autres, que l'univers est à trois niveaux : un monde supérieur où règnent les dieux, un monde intermédiaire qu'occupent les humains et un monde souterrain, qui est le séjour des morts.

DANSE DES BISONS
Peau de bison ou d'antilope peinte. La danse des bisons est une cérémonie propre aux Indiens Sioux.

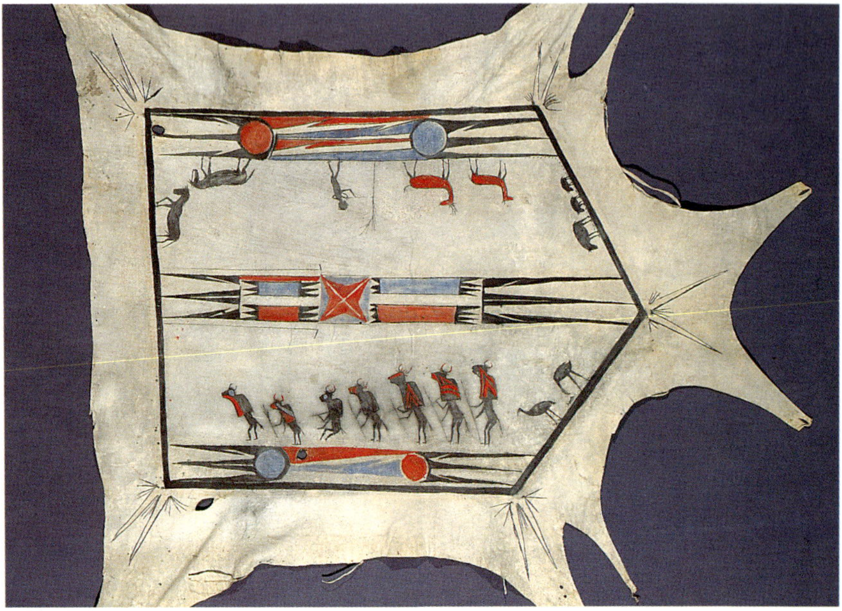

Mais le trait le plus répandu, le plus primitif et le plus permanent est la pratique du « totémisme » : le totem peut être un personnage (un ancêtre), un phénomène naturel ou un objet. L'individu ou la collectivité qui désire sa protection s'assimile à lui et porte son nom. On lui rend un culte* pour mériter son secours.

AMULETTE
Cet objet, œuvre d'artisan en os et nacre, est une amulette, sorte de bijou destiné à protéger celui qui le porte : formée d'un être humain et d'un oiseau, elle est censée représenter les forces délivrant un pouvoir magique (Indiens de la côte Nord-Ouest).

POTEAU TOTÉMIQUE
Ce poteau sculpté de bois peint est composé d'animaux totémiques, qui protègent ceux qui les honorent. C'est une réalisation des Indiens de l'Alaska.

Les Esquimaux

FIGURINES MAGIQUES
Les Esquimaux craignent perpétuellement l'opposition des forces qui les entourent et les dominent. Aussi se créent-ils des auxiliaires sur lesquels ils pourront compter en cas de besoin : il s'agit de hideuses figurines de bois, représentant des esprits malfaisants, qui auront à tâche de les aider dans leur combat contre les puissances hostiles (Groënland).

Pour l'Esquimau, l'univers est dominé par les *innua*, esprits mystérieux qui animent, certes, les animaux, mais aussi l'air, les eaux, les montagnes, le feu, les pierres... Ils occupent la partie supérieure du ciel, au-delà de la voûte céleste.

L'innua d'un animal protecteur d'un être humain devient son torngak, c'est-à-dire son totem. Si cet animal est un ours, l'homme qui aura l'opportunité d'être dévoré par un ours ressuscitera et deviendra angarok, c'est-à-dire sorcier.

L'angarok pénètre les mystères du présent et devine l'avenir, il sait guérir les maladies et agir sur le temps qu'il fait. C'est ainsi que l'un d'entre eux, par l'effet de sa seule parole, a pu mettre fin au Déluge.

Le plus puissant des innua est le grand esprit, Torgarsat (l'Être bon). À côté des esprits au nombre infini pullulent des démons* et des monstres.

Une force particulièrement importante, parce que constamment présente dans le paysage et la vie quotidienne, est la divinité de la Mer, Sedna. D'immense envergure, elle terrorise l'Esquimau, sans cesse confronté à ses caprices.

L'Esquimau ne rend pas de culte* particulier à ses divinités. Il compte sur le sorcier pour s'attirer leurs faveurs et se couvre d'amulettes* pour conjurer* le mauvais sort.

CYGNE VOLANT
Cette figurine d'ivoire de 4 cm de long faisait partie de l'attirail d'un sorcier. Elle représente un esprit auxiliaire et devait être portée en pendentif (VIe s. après J.-C.).

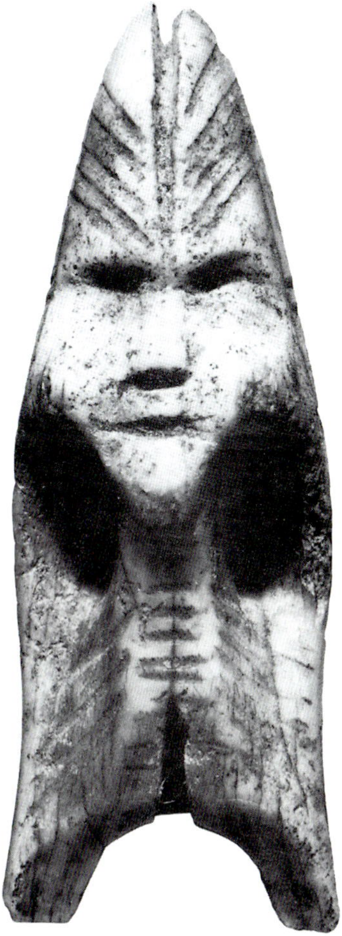

POINTE DE HARPON
Cette pointe (6 cm de hauteur) en ivoire de morse coiffait l'extrémité d'un harpon. C'est la figuration d'un esprit auxiliaire du chasseur de mammifères marins. Le visage sculpté aux pommettes saillantes est caractéristique de l'Esquimau (VIe s. avant J.-C.).

Les Indiens « Peaux rouges »

CHEYENNE FUMANT LE CALUMET
Ce Cheyenne, peint sur tissu, est représenté fumant la pipe à long tuyau appelée calumet, caractéristique des Indiens d'Amérique du Nord.

Indiens des forêts

Pour les tribus indiennes peuplant les forêts du Nord, Algonquins, Hurons, Iroquois, comme pour les Esquimaux, l'univers est régi par des puissances logeant au-delà de la voûte céleste.

Le pouvoir suprême est exercé par le Grand Manitou (Grand Esprit), divinité de la Lumière et des Vents, père de la vie et dispensateur de tout bien. Les Indiens l'honorent en fumant en commun le calumet* de la paix et de la fraternité. Chacune des forces de la nature est habitée par un manitou, dont l'homme doit se concilier la bienveillance.

Le monde des humains et des animaux est divisé en quatre régions correspondant aux points cardinaux. Chacune est régie par un esprit bienfaisant : celui du Nord procure la neige et la glace ; celui de l'Ouest prodigue la pluie ; celui du Sud fournit les fruits de la terre, et celui de l'Est, la lumière et le soleil.

MASQUE DE LUNE
Les Indiens représentent généralement le soleil et la lune sous l'apparence d'un homme et d'une femme. Ce masque de lune, utilisé par un danseur dans les cérémonies religieuses, est l'œuvre d'Indiens vivant dans les îles du Canada.

Au point où le soleil se lève réside l'excellent Michabo (le Grand Lièvre). Auprès de lui viennent goûter une félicité éternelle les âmes des justes. C'est lui qui restaura* la terre, les arbres et la race humaine quand le Déluge eut anéanti le monde.

Un mythe qui rappelle celui de la Perséphone des Grecs est rapporté par les Iroquois : la fille de la Terre, Esprit-du-Blé, s'étant mise en quête de la rosée vivifiante, fut enlevée par l'Esprit-du-Mal, qui la retint dans les ténèbres souterraines ; jusqu'à ce que le Soleil la délivrât et la rendît à ses campagnes.

HOUSSE DE BOUCLIER
Cette housse, en peau de buffle, représente l'ours, animal doué de pouvoirs surnaturels. Il protégera des boulets provenant d'armes à feu, figurés venant de la gauche. C'est une production artisanale d'Indiens des plaines (XIXe siècle).

Indiens des prairies

Les Sioux* et les Pawnees* habitent des plaines sans limites, où le ciel se fond avec la terre. Pour eux, l'univers est sous l'autorité du Grand Esprit. Le Grand Esprit n'a pas de forme ni de visage.

Les dieux : du Soleil – le plus important –, de l'Astre du matin, de la Lune, de la Terre, de l'Eau, du Vent, du Feu, du Tonnerre, du Blé... sont les émissaires du Grand Esprit auprès des hommes. En outre, des esprits bienveillants revêtant l'apparence d'un animal – le coyote chez les Pawnees – aident à l'accomplissement des activités humaines.

À la mort, les âmes empruntent la Voie lactée* pour gagner les demeures célestes.

Pour les Hopis de l'Arizona, deux divinités créèrent d'abord les animaux, puis l'homme et la femme, qu'ils formèrent à partir de l'argile.

Le mythe du Déluge se retrouve chez les Indiens des plaines de Basse Californie : selon eux, un unique lieu où s'étaient abrités un tout petit groupe d'humains avait été épargné par les flots.

PRÊTRE-MAGICIEN
Statuette de bois peint, Canada. Le sorcier, en état d'extase, parle aux esprits et agit sur eux.

Les peuples « précolombiens »

CHAC,
DIEU DE LA PLUIE
Pot en céramique (art maya, VIIe au Xe s.). Face stylisée du dieu Chac. La forme de ses cheveux symbolise à la fois la pluie qui tombe et le tonnerre qui pointe vers le ciel. De sa bouche sortent trois crocs.

Les mythologies des Indiens de l'actuel Mexique, de l'Amérique centrale et de l'Amérique du Sud remontent au-delà des expéditions de Christophe Colomb et de ses successeurs. Elles traduisent l'angoisse d'une population hantée par la fatalité* des catastrophes naturelles. Au XVIe siècle, ces peuples ont été colonisés et christianisés par les conquérants espagnols et portugais.

Les Mayas du Yucatan

Peuple de paysans apparus au sud du Mexique dès l'an 2000 avant J.-C., les Mayas vénèrent surtout des divinités agraires*, responsables de la fécondité du sol.

Un dieu unique, Hunab Ku, est à l'origine de leur panthéon* ; il est bouche et yeux du soleil ; il a pris pour épouse la déesse de l'Eau.

LA PIERRE DU SOLEIL
Le monument (20 tonnes, 3,60 m de diamètre) que les Aztèques nommaient Pierre du Soleil est un calendrier (inspiré de celui des Mayas) et un résumé de l'histoire de l'univers. Des prêtres spécialisés étaient chargés de sa consultation, qui pouvait donner aussi bien des dates de faits présents et passés, que des prévisions.

Le dieu du Ciel, du Jour et de la Nuit, Itzamna, assure la fertilité des campagnes ; il a enseigné aux hommes l'écriture et créé les fondements de la civilisation ; il rend la santé aux malades.

Chac, dieu de la Pluie et du Tonnerre, issu tout à la fois des quatre points cardinaux, a inculqué aux premiers hommes les principes et les techniques agricoles.

Parmi les animaux investis d'un pouvoir surnaturel, le jaguar joue un rôle important ; il est associé au monde des Enfers*.

LE MONSTRE DE LA TERRE
Plaque de basalte sculpté. La Terre est parfois représentée sous la forme mâle d'un monstre. Elle mange le Soleil chaque soir (le disque apparaît dans son ventre) et le restitue au matin.

L'univers des Aztèques

Les dieux, selon les croyances en vigueur au Mexique à l'époque aztèque (XIVe siècle de notre ère), ont successivement créé plusieurs mondes, chaque fois anéantis.

Le premier, formé sous un Soleil d'escarboucles*, disparut dans des cataractes* torrentielles ; les quelques êtres humains qui survécurent devinrent poissons. Le deuxième monde, constitué sous un Soleil de feu, fut détruit par des jets de flammes, et les hommes furent changés en divers animaux. Le troisième monde, né sous un Soleil noir, fut englouti à la suite d'un tremblement de terre, et les hommes furent dévorés par les bêtes sauvages. Le quatrième monde, apparu sous le Soleil de l'air, s'acheva par la métamorphose des hommes en ouistitis. Enfin, un cinquième monde fut créé, qui connut le Déluge universel : seuls un homme et une femme parvinrent à gagner le sommet de la montagne et évitèrent l'extermination ; ils repeuplèrent la terre ; la terre telle que devait la connaître et la travailler le peuple aztèque.

BOUCLIER AZTÈQUE
Vannerie, plumes et or (XVe siècle). Sur le bouclier est représenté un coyote (ou loup des prairies) emplumé, symbole du nom de son possesseur, l'un des rois de Mexico.

QUETZALCOATL, LE CRÉATEUR
Dessin du XVIe siècle. Le papier utilisé est à base de fibres de figuier. Les couleurs utilisées, inaltérables, sont d'origine végétale ou animale.

TEZCATLIPOCA, LE DESTRUCTEUR
Statuette de jadéite (XIVe au XVIe s.). Le dieu est accroupi. Il est en tenue de guerre ; il porte en pectoral* son miroir magique qui lui procure la connaissance universelle.

Les divinités des Aztèques

Les Aztèques adorent une multitude de divinités, d'autant plus nombreuses qu'ils adoptent les cultes* des peuples dominés. Leurs dieux se répartissent la surface de la terre selon les quatre points cardinaux.

Tezcatlipoca (Miroir fumant), qui réside dans le secteur Nord, a régné sur le premier des mondes disparus. Il est le symbole de la Grande Ourse* et du ciel nocturne. Son miroir d'obsidienne* lui permet de tout connaître, les actes et les pensées ; il peut distribuer récompense ou châtiment. C'est lui qui a institué les sacrifices* humains.

Quetzalcoatl, le Serpent à plumes, est le dieu créateur et conservateur de la vie ; il est le seigneur de la terre, de l'air et de l'eau. Divinité toltèque*, il a donné de justes lois à son pays et y a fait régner l'âge d'or. Ses sujets lui ont dû de savoir cultiver les céréales, pratiquer les techniques et les arts, connaître le mouvement des astres. Grâce à lui, ils ont appris à écrire et à mesurer le temps.

Or, hostile aux sacrifices humains, Quetzalcoatl a suscité la haine de Tezcatlipoca, qui l'a contraint à l'exil et au bûcher* : de son corps consumé jaillit alors son cœur vers le ciel ; c'est ainsi qu'il devint l'étoile du berger.

Huitzilopochtli, né tout armé, est le dieu de la Guerre et du Soleil de midi. Son nom signifie Colibri du Sud, car il règne sur ce quartier, et l'une de ses jambes s'orne du plumage de l'oiselet. Il guide et protège les voyageurs de la tribu.

Tlaloc est un dieu de la Pluie, plus ou moins clément, selon son humeur. Autre divinité de la Pluie, mais de l'Ondée bienfaisante, Xipe Totec est le

seigneur du Printemps et de la Renaissance de la nature.

Divinité également du Renouveau, la belle Tlazolteotl est déesse de la Volupté.

Xiuhtecuhtli, le plus ancien du panthéon* aztèque (le « Vieux dieu », ridé et édenté), est le très précieux gardien du feu et du foyer.

Les Aztèques croyant que l'univers disparaîtra s'ils ne peuvent ou ne veulent offrir leur sang, la plupart des cultes – et non pas seulement celui de Tezcatlipoca – exigent de barbares immolations*.

Après la mort, les âmes sont introduites au séjour souterrain des neuf rivières, où elles jouissent de la paix éternelle.

TLALOC, LE BIENFAITEUR
Dessin du XVIe siècle. Dieu de la Pluie et des Orages, Tlaloc, toujours représenté avec des yeux proéminents et des dents saillantes, est court vêtu, prêt à l'action.

Les Incas du Pérou

Installés au Pérou à partir du XIe siècle de notre ère, les Incas imaginent qu'au-dessus de la terre s'élèvent quatre étages de ciel. L'étage supérieur étant la résidence du dieu suprême, le Soleil.

Le Soleil a pour épouse la Lune. Autour d'eux gravitent les divinités célestes : tonnerre, arc-en-ciel, planètes, étoiles et comètes, ces dernières étant chargées de révéler le courroux* des dieux.

Pour les Incas, le Soleil a deux fils : Viracocha, dieu des Eaux, et Pachacamac, dieu du Feu. Viracocha a fixé son séjour dans le lac Titicaca* ; il a épousé sa sœur, déesse de la Pluie. C'est lui qui a donné ses formes à la terre et a créé l'humanité. Il a initié celle-ci aux lois et aux méthodes de l'agriculture. Son œuvre accomplie, il a gagné la mer et s'est alors soustrait à la vue des hommes.

Pachacamac entreprit alors de remanier le

DIVINITÉ DE LA MORT
Les Aztèques divinisent les femmes mortes en couches ; elles accompagnent le Soleil dans sa course descendante. Cette statuette représente l'une de ces divinités, toujours en pleurs et gémissantes.

MASQUE DU SOLEIL
Date : entre 500 avant et 500 après J.-C. De beaux objets de métal, cuivre, or, platine, ont été créés dans l'île de La Tolita, au nord de l'Équateur.

MONSTRE SUR TISSU
Tissage péruvien (VIIe au IVe siècle avant J.-C.). Parmi les artisans anciens qui ont produit sur la côte sud du Pérou (Paracas), les tisserands ont fait preuve d'une parfaite maîtrise dans toutes les techniques.

monde existant et de transformer les hommes créés par son frère. Il leur fit découvrir les arts et d'autres métiers que ceux des champs.

Les Incas sont les enfants de Pachacamac. Ils s'honorent d'être descendants du Soleil. Ils adorent le Maître du Jour mais craignent ses colères : celles-ci se manifestent à eux tout particulièrement par les éclipses.

Les Incas croient à une vie d'outre-tombe*. Le dieu sinistre qui règne dans les profondeurs sans soleil est un insatiable collectionneur de victimes. Aussi cherche-t-on à assouvir ses convoitises en sacrifiant chaque année une centaine de jeunes enfants.

On a retrouvé en 1995, emprisonné dans les glaces d'un mont du Pérou, le corps d'une fillette de treize ans, agenouillée, environnée de nombreuses offrandes : feuilles de coca, céramiques, statuettes dorées. La fillette, voici plus de cinq siècles, avait été sacrifiée aux dieux incas.

Les Tupinambas du Brésil

Selon les Tupinambas, importantes tribus indiennes fixées en Amazonie, en bordure de l'Atlantique, le premier créateur de l'univers, Monan (l'Ancien), finit par anéantir son œuvre sous les eaux et par les flammes.

Un second créateur, Maire-Monan (le Transformateur), intervint, communiquant aux hommes la science du gouvernement et la maîtrise de l'agriculture.

Juge implacable des fautes humaines, il avait le pouvoir de transformer les coupables en animaux. Les hommes résolurent alors de le supprimer. Ils le convièrent à une fête, où il fut dévoré par le feu. L'explosion de son crâne, entouré d'éclairs, produisit le tonnerre. Élevé au ciel et métamorphosé à son tour, il devint une étoile.

L'univers des Tupinambas fourmille de démons*, d'esprits malfaisants ou bienveillants et de feux follets*.

Après la mort, l'âme est accueillie dans un paradis, où la jeunesse succède à la vieillesse et où croissent sans effort plantes et fleurs.

Les Tupinambas, eux aussi, racontent maintes légendes relatives au Déluge. Deux frères jumeaux, l'un bon, l'autre méchant, à force de se quereller déclenchèrent le jaillissement et le débordement d'une source surnaturelle. L'humanité disparut tout entière sous les eaux, à l'exception des deux frères et de leurs épouses, qui reconstituèrent la race humaine : deux peuples qui, à l'image des deux frères, passeront leur temps à s'affronter.

ESPRITS DE LA FORÊT
Les Indiens se figurent les esprits sous l'apparence humaine. Ce couple d'esprits de la forêt est représenté devant sa maison, au toit à double pente.

AFRIQUE ET OCÉANIE

Mythes d'Afrique noire

Mythes d'Océanie

Mythologies d'Afrique et d'Océanie

DÉESSE DE LA FERTILITÉ
Bois et fibres (Guinée). La déesse, poitrine dénudée, est vêtue d'un grand pagne de paille.

La multiplicité des régions, des ethnies*, des langues et des mœurs a donné lieu à une infinie diversité de croyances et de mythes.

Mais, pour nombre de ces peuples, la frontière entre mythologie et religion est largement ouverte. Ainsi, et tout spécialement, l'animisme, qui attribue aux esprits la gestion des forces que l'homme ne domine pas, est encore vivace. Et cela, malgré les efforts de l'islam, du christianisme et de la science pour combattre ces pratiques primitives.

Mythes d'Afrique noire

D'une manière générale, les Africains croient en un dieu suprême, créateur de l'univers et des hommes (au moyen d'argiles de diverses teintes, ce qui explique les carnations différentes). À ce dieu bon s'oppose un génie malveillant.

Pour lutter plus efficacement contre les maléfices*, les Africains fabriquent des fétiches* de bois, qu'ils adorent et implorent. Ils ont recours aux très puissants sorciers, qui savent s'imposer aux forces hostiles et livrent à leurs fidèles des amulettes*, des gris-gris protecteurs.

Beaucoup croient à la transmigration* des âmes d'un corps dans un autre (la métempsycose). Les âmes des ancêtres sont particulièrement vénérées. Ce sont elles, selon les Malgaches, qui assurent la liaison entre les vivants et le dieu suprême.

Le thème du Déluge est présent dans toutes les mythologies africaines. Les Congolais rapportent

ANIMAL MAGIQUE
Figure à clous, bois et porcelaine, 0,88 m (Congo). Cette espèce de longue statue bardée de clous et de lamelles de fer représente un chien, protecteur contre les esprits maléfiques.

qu'après le Déluge, les hommes ont été changés en singes et qu'une nouvelle création a succédé à la catastrophe.

Les mythes océaniens

Au commencement, pour les peuples des îles et des archipels, étaient la mer et le ciel. La terre est sortie de la mer. Une immense foule de divinités y séjournent, dont certaines se retrouvent, suivant les lieux, sous des noms différents.

Elles sont soit de purs esprits sans apparence matérielle, soit des êtres à forme humaine ou animale, soit des pierres ou des météores*, soit des dragons ou autres monstres.

La croyance la plus répandue est que les dieux sont éternels (ils n'ont pas connu de commencement) ou sont descendants des dieux éternels.

La notion d'un être suprême gouvernant l'univers n'est pas courante. Chaque divinité paraît avoir son rôle et son secteur, qu'elle concerne un simple individu, une tribu ou une activité comme l'agriculture, la pêche ou la guerre. Le principal dieu polynésien* (qu'on reconnaît sous plusieurs identités) est Tangaroa, créateur des premiers hommes et recréateur de l'humanité après le Déluge.

L'âme humaine est immortelle. Elle se sépare du corps dans le sommeil et définitivement par la mort. L'autre monde est situé au couchant, où le soleil disparaît dans la mer ou dans la terre.

COIFFURE DE CÉRÉMONIE
Cette coiffure de femme est surmontée de deux figurines, représentant vraisemblablement l'époux de la personne qui la portait. (Nouvelles-Hébrides).

LE DIEU CRÉATEUR
Statue de bois, 1,13 m (Polynésie française). Le dieu est représenté en train de créer les dieux et les hommes : ses créatures apparaissent en positions diverses sur son corps.

... SUR LE SPHINX D'ÉGYPTE

Le fameux Sphinx, sur le site de Gizeh, a été taillé dans un piton rocheux proche de la pyramide du Pharaon Chéphren. Il représente un gigantesque lion couché, de plus de 70 m de long et 20 m de haut. Sa face a été sculptée à l'effigie du roi (c'est d'ailleurs le sens originel du mot *sphinx*). Il protégeait l'accès d'un temple consacré au Soleil.
(Les sphinx d'Égypte n'ont rien de commun avec celui que la légende grecque fait rencontrer à Œdipe.)

... SUR LA ZIGGOURAT DE BABYLONE

La Bible rapporte qu'après le Déluge les hommes décidèrent d'escalader le ciel et que, pour cela, ils construisirent une tour colossale, la tour de Babel. (La mythologie grecque raconte de même que les Titans, voulant s'emparer de l'Olympe, entassèrent l'un sur l'autre les monts Pélion et Ossa.) La punition infligée à l'orgueil des humains consistera à brouiller les langages et à les rendre incompréhensibles les uns aux autres.
La tour de Babel n'est autre, en réalité, que la ziggourat de Babylone.

... SUR LES MAGES D'ORIENT

L'Évangile relate que des astrologues d'Orient, intrigués par le déplacement d'une étoile, allèrent se prosterner, quelques jours après Noël, devant l'enfant Jésus nouveau-né. On les appelle les rois mages, et nous conservons la tradition de la galette des rois en janvier, lors de la fête de l'Épiphanie (le mot signifie *apparition*, c'est-à-dire la révélation de Jésus aux mages).

On les fait venir de Perse, où l'astrologie était particulièrement en honneur et où les mages constituaient une tribu (plus tard une caste) privilégiée. On leur accorde le titre de rois en vertu d'un psaume qui dit que devant l'enfant « les rois des plus lointains pays se prosterneront ». C'est au Ve siècle que fut adopté le nombre de trois ; au VIIIe, qu'on leur donna des noms (Melchior, Balthazar, Gaspard), et au XVe, qu'on attribua à chacun une couleur (blanc, noir et jaune), pour symboliser l'ensemble de l'humanité.

QUELQUES PAYS MYTHIQUES

Le **jardin d'Éden**, le paradis terrestre, où Dieu installa nos premiers parents Adam et Ève, était planté, selon la Bible, « du côté de l'Orient. Dieu y fit germer du sol toutes sortes d'arbres agréables à la vue et dont les fruits étaient bons à manger. Un fleuve sortait d'Éden pour arroser le jardin ; il se divisait ensuite en quatre bras : ... le troisième est celui qui coule à l'est de l'Assyrie (le Tigre), le quatrième est l'Euphrate. »

La Bible situe donc précisément l'Éden en Mésopotamie, et les historiens reconnaissent que le récit biblique « s'applique admirablement à la Mésopotamie, grand jardin (c'est le sens du mot *Éden*) que les hommes eurent à conquérir et à planter ».

L'Atlantide est un continent fabuleux que les Grecs situaient dans l'Atlantique sud. Sous le sceptre de Poséidon s'y seraient développées des cités riches et magnifiques, les habitants goûtant le bonheur de l'âge d'or.

L'Atlantide a-t-elle réellement existé? S'est-elle, comme l'ont écrit les Anciens, effondrée à la suite d'un cataclysme dans les eaux de la mer? Plusieurs géologues, tout en divergeant sur sa position géographique, s'en disent persuadés. Ainsi, le vulcanologue Haroun Tazieff penche pour un lieu situé, non dans l'Atlantique, mais à l'emplacement de l'actuelle mer de Crète. Le volcan responsable du cataclysme serait le mont Théra, dans l'île de Santorin.

L'Eldorado (le Doré) est une contrée fabuleuse, que les conquistadores espagnols situaient en Colombie. Ses villes étaient pavées d'or, ses édifices étaient en or, son roi était recouvert d'or. La légende venait d'une coutume qui voulait que le chef, chaque année, se rendît en barque auprès d'un lac sacré, le corps enduit de poudre d'or mêlée à de l'argile, et y déversât des offrandes d'un grand prix.

Le mythe eut la vie dure: il fallut que le gouvernement colombien, en 1965, déclarât les lieux patrimone culturel national pour qu'ils échappent aux exactions d'insatiables chercheurs d'or.

BIBLIOGRAPHIE

Fernand Comte,
****Les Grandes Figures mythologiques*,
Bordas, 1995.

Georges Hacquard,
****Guide mythologique de la Grèce et de Rome*,
Hachette, 1990.

Jean-Pierre Hammel,
****L'Homme et ses mythes*,
Hatier, 1994.

ENCYCLOPÉDIES

A. Eliot (dir.),
***L'Univers fantastique des mythes*, Presse de la Connaissance, 1976.

Roy Willis (dir.),
***Mythologies du monde entier*, Bordas, 1994.

REVUES

*****Archéo Junior*,
mensuel (7 à 14 ans).

****Notre Histoire*
(la mémoire religieuse de l'humanité), mensuel.

***Archéologia.*

N.B. : Le présent ouvrage a tiré le plus grand profit de la collection *l'Univers des formes* publiée par Gallimard et de la *Mythologie générale* éditée par Larousse.

AUDIO-VISUEL

DISQUES COMPACTS

Théâtre

Coll. *L'Encyclopédie sonore* (Auvidis) :

Corneille, **Horace.*

Racine, **Andromaque*,
***Iphigénie*, ***Phèdre.*

Opéra (Édition *EMI*)

Purcell, ***Didon et Énée.*

Gluck, ***Orphée et Eurydice.*

Offenbach,
**Orphée aux Enfers*,
***La Belle Hélène.*

VIDÉOCASSETTES

**** Collection *Contes et Légendes du Louvre*, par Edwige Kertès (SECAM).

CD-ROM

***Collection de la Réunion des Musées nationaux.*

Ces collections s'enrichiront au fur et à mesure, ainsi que les collections de vidéodisques laser.

FILMS

Howard Hawks,
****La Terre des Pharaons.*

Don Chaffey,
*** *Jason et les Argonautes.*

Pietro Francisci,
***Les Travaux d'Hercule.*

Michael Cacoyannis,
***Iphigénie.*

Pier-Paulo Pasolini,
**Œdipe roi.*

Geoges Tzavellas,
**Antigone.*

Mario Camerini,
****Ulysse.*

Fritz Lang,
***Les Nibelungen* (N.B.).

W. Reitherman,
****Merlin l'Enchanteur*,
(dessin animé).

R. Thorpe,
***Les Chevaliers de la Table ronde.*

Éric Rohmer,
** *Perceval le Gallois*

Carlos Saura, **El Dorado.*

R. Leblanc,
*****Tintin et le Temple du Soleil* (dessin animé).

ACTIVITÉS

Maquettes

***Maquettes Usborne.

****Secrets des temples*,
(livre-jeu), Gallimard Jeunesse.

Philatélie

****Suggestion : collectionner les timbres à sujets mythologiques.

Visites de musée

PARIS :
Musée du Louvre,
Musée d'Orsay,
Musée de l'Homme,
Musée national des Arts africains et océaniens.

Chacune des villes de France et de l'étranger est fière de posséder un ou plusieurs musées dignes de la visite et souvent du déplacement.
Cf. le guide :
*** *Les Muséums de France et les Musées de l'Éducation nationale*
(*Archéo Junior*, 1996).

N.B. :
**** : à partir de sept ans.
*** : à partir de la sixième.
** : à partir de la quatrième.
* : à partir de la troisième.

Les mots définis dans ce lexique sont signalés par un astérisque dans l'ouvrage.

ablution
Toilette corporelle imposée par la religion pour purifier le fidèle.

Achéron
Dans la mythologie grecque, l'un des fleuves des Enfers.

adepte
Membre pratiquant d'un groupe de pensée.

aède
Poète grec, qui chantait ses vers en s'accompagnant sur la lyre.

agraire
Qui concerne la vie agricole.

albâtre
Calcaire très blanc.

Albe
La plus ancienne cité du Latium (voir ce mot).

Amazones
Peuple mythique de femmes guerrières, établi en Asie Mineure.

Amphitryon
Roi de Tirynthe, époux d'Alcmène.

amulette
Objet qui est censé protéger celui ou celle qui le porte.

Arcadie
Région centrale du Péloponnèse.

Argos
Capitale de l'Argolide, région montagneuse du Nord-Est du Péloponnèse.

assimiler
Considérer comme étant semblable.

Assyriens
Habitants de la partie supérieure de la Mésopotamie, qui constitua, du XXe au VIIe siècle avant notre ère, un empire puissant de l'Asie occidentale. Cet empire s'écroula sous la poussée des Babyloniens (612).

attributions
Pouvoirs particuliers attribués à quelqu'un.

Au-delà (l')
Ce qui succède à la vie terrestre.

Augias
Roi d'Élis, au Nord-Ouest du Péloponnèse.

Babylone
Ville de la basse Mésopotamie, baignée par l'Euphrate. Fondée en 2300 avant notre ère, elle a été la capitale intellectuelle et religieuse de la Mésopotamie, avant de devenir celle de l'Asie conquise par Alexandre (IVe siècle).

bas-relief
Sculpture non totalement dégagée du bloc de pierre.

béatitude
Bonheur parfait.

bipenne
Qui possède deux lames tranchantes.

Brocéliande
Forêt mythique de la Bretagne (aujourd'hui forêt de Paimpont, dans l'Ille-et-Vilaine).

bûcher
Supplice du feu.

caducée
Petit bâton terminé par deux ailes et entouré de deux serpents entrelacés. Est devenu l'emblème (voir ce mot) du corps médical.

calumet
Pipe munie d'un long tuyau, que les fumeurs se passent généralement tour à tour.

Campanie
Région de l'Italie méridionale, au Sud du Latium (voir ce mot), baignée par la mer Tyrrhénienne.

canon
Ensemble de règles idéales.

Carthage
Cité d'Afrique du Nord (emplacement de Tunis), fondée par les Phéniciens au IXe siècle avant J.-C.

cataracte
Importante chute d'eau.

Caucase
Haute chaîne de montagnes (point culminant : 5 600 m), située entre la mer Noire et la mer Caspienne.

Centaure
Créature fabuleuse à buste humain et corps de cheval.

Chaldéens
Habitants de la partie inférieure de la Mésopotamie, proche du golfe Persique.

Colchide
L'un des pays du Caucase (aujourd'hui partie de la Géorgie), sur la côte orientale du Pont-Euxin (mer Noire).

conjurer
Détourner (un danger).

cosmogonie
Exposé mythique sur la formation de l'univers.

courroux
Terrible colère.

courtois (roman)
Destiné aux familiers de la cour du seigneur.

culte
Pratiques religieuses.

Cumes
Ville de Campanie (voir ce mot), ancienne colonie grecque.

cycle
L'ensemble des œuvres littéraires traitant d'un même thème.

Cyclopes
Géants, pasteurs ou forgerons, ayant un œil unique au milieu du front.

cynocéphale
Singe africain, dont la tête (céphale) rappelle celle du chien (cyno).

Déesse-mère
Divinité présidant à la fécondité.

Délos
La plus petite île de l'archipel des Cyclades, en mer Égée.

Delphes
Important centre religieux de la Grèce antique, sur les flancs du mont Parnasse (voir ce mot).

démon
Génie attaché au destin d'un individu ou d'une collectivité. (La religion chrétienne lui a donné un sens spécial : le Diable.)

devin
Personne douée du pouvoir de deviner l'avenir.

dialecte
Langue en usage dans une région limitée.

Diomède
1. Fils du dieu Arès, régnant en Thrace. 2. Héros grec, l'un des plus ardents combattants de la guerre de Troie.

Dioscures
Littéralement, les garçons de Zeus : Castor et Pollux; en réalité, seul Pollux est fils du dieu.

druide
Prêtre du culte celtique.

effigie
Représentation figurée d'un personnage.

Éleusis
Port grec, au Nord-Ouest d'Athènes, où se trouvait le sanctuaire de Déméter.

embaumement
Traitement d'un cadavre par des substances qui évitent sa décomposition.

emblème
Objet représentant une personne ou une activité.

Épidaure
Ville d'Argolide (cf. Argos) sur la mer Égée, où Asclépios opérait des guérisons miraculeuses. Le théâtre (IVe siècle av. J.-C.) est un chef-d'œuvre d'architecture et d'acoustique.

Érymanthe
Montagne boisée d'Arcadie, région centrale du Péloponnèse.

escarboucle
Autre nom du rubis, pierre précieuse d'un rouge vif.

ethnie
Ensemble de personnes possédant des caractères communs.

Étrusques
Peuple venu d'Asie, qui occupa le Centre de l'Italie (Toscane) au VIIIe siècle avant J.-C., et se rendit maître de Rome au VIe siècle.

Euphrate
Fleuve de l'Asie occidentale, long de 3 780 km, qui s'unit au Tigre (voir ce nom) avant de déboucher sur le golfe Persique.

exposer
Au sens spécial de ce mot, abandonner un enfant nouveau-né dans la nature, en l'exposant à la vue et à tous les dangers.

fatalité
Caractère inévitable.

fétiche
Objet ou animal qui est censé porter bonheur.

feu follet
Petite flamme fugitive produite par la combustion de gaz s'échappant de marais. Représentait, pour les primitifs, l'intervention inquiétante d'un esprit.

fléau
Catastrophe publique.

Forum
Place publique, à Rome et dans les villes romaines.

funérailles
Cérémonie des obsèques.

Grande Ourse
Constellation formée de sept étoiles brillantes, voisine du pôle Nord céleste.

Grand Roi
Titre donné par les Grecs au roi de Perse.

graviter
Évoluer dans un certain milieu.

gris-gris
Amulette (voir ce mot) d'Afrique noire.

Hespérides
Nom de trois nymphes habitant un jardin fabuleux situé en Afrique du Nord, au pied des monts Atlas.

Horaces
Nom de trois frères désignés pour représenter Rome dans un combat à mort contre trois frères albains, les Curiaces. Ceux-ci furent vaincus, et Rome triompha d'Albe.

ibis
Oiseau échassier à long bec recourbé.

immolation
Mise à mort d'une personne ou d'un animal, en offrande à une divinité.

impiété
État d'esprit hostile aux choses de la religion.

incantation
Énoncé, à haute voix, de formules magiques.

invulnérabilité
État de celui qui ne ne peut être atteint par des blessures.

irrépressible
Qui ne peut pas être réprimé.

Ithaque
Île de la mer Ionienne, proche des côtes grecques.

justifié
Mis, une fois la preuve établie, au nombre des justes.

Latium
Région de l'Italie centrale, baignée par la partie de Méditerranée nommée mer Tyrrhénienne (synonyme d'Étrusque).

légendaire (le)
L'ensemble des légendes recueillies autour d'un même sujet.

Lerne
Marais situé à l'extrême Est du Péloponnèse.

Lucrèce
Violée par le fils de Tarquin le Superbe, septième et dernier roi de Rome, elle se donna la mort.

maléfices
Pratiques de sorcellerie exécutées dans une intention malveillante.

malignité
Méchanceté maligne.

Mésopotamie
Région du Proche Orient limitée par les deux fleuves Tigre et Euphrate (voir ces noms).

Messine (détroit de)
Bras de mer séparant de la Sicile la pointe de l'Italie.

météore
Phénomène survenant dans l'atmosphère.

momie
Cadavre conservé par le moyen de l'embaumement (voir ce mot) et enserré dans des bandelettes de tissu.

Mycènes
Ville d'Argolide, au Nord d'Argos (voir ce nom).

Mystère
Ensemble des connaissances secrètes qui ne doivent être révélées qu'à des « initiés ».

mystique
Croyance qui ne repose pas sur le raisonnement.

Némée
Nom d'une vallée de l'Argolide, à l'Est du Péloponnèse.

nimbe
Cercle lumineux auréolant la tête.

obsidienne
Matière volcanique de couleur sombre, ayant l'apparence du verre.

Œta
Haute montagne de Thessalie (voir ce mot).

oracle
Communication d'une divinité concernant le passé ou l'avenir, en réponse au questionnement d'un mortel.

outre-tombe
Au-delà de la mort.

Palatin
Colline de Rome, la première habitée sur ce site.

panthéon
L'ensemble des divinités d'une religion.

Parnasse
Massif montagneux de la Grèce, proche du golfe de Corinthe.

Pawnees
Indiens originaires de l'Ouest des États-Unis.

pectoral
Bijou pendant d'un collier sur la poitrine.

Phase
Fleuve de Colchide (voir ce mot), qui se jette dans le Pont-Euxin. Aujourd'hui Rion.

Phéaciens
Habitants d'une île de la mer Ionienne (Corcyre, aujourd'hui Corfou), au Nord de l'île d'Ithaque.

philtre
Boisson magique.

phrygien (bonnet)
Coiffure traditionnelle des hommes habitant la Phrygie (à l'Ouest de l'Asie Mineure). Adoptée par les « sans culottes » de la Révolution française.

Polynésie
Ensemble d'îles et d'archipels constituant une partie de l'Océanie.

polythéiste
Qui croit à l'existence de plusieurs dieux (contraire : monothéiste).

primordial
Qui date de l'origine des temps.

procéder de
Tirer son origine de.

prolifération
Importante multiplication.

prophétie
Prédiction faite par un prophète (homme inspiré par la divinité).

Pythie
Prophétesse de l'oracle d'Apollon à Delphes, lieu jadis appelé Pytho, du nom du serpent Python qu'Apollon y avait tué.

réincarner (se)
Retrouver, après la mort, une nouvelle forme corporelle.

restaurer
Remettre en bon état.

rites
Règles (rituelles) à pratiquer dans les cérémonies religieuses.

sacrifices (humains)
Offrande d'une victime à une divinité.

sanctuaire
Édifice dans lequel ont lieu des cérémonies religieuses.

scribe
Fonctionnaire chargé de noter une décision ou de rédiger un rapport.

Sibylle
Prêtresse qui avait le don d'assurer la transmission des oracles (voir ce mot).

Sioux
Ensemble de peuples indiens répartis de l'Ouest à l'Est des États-Unis.

Sparte
Cité du Sud du Péloponnèse, dont Ménélas fut le dixième roi.

Stymphale
Lac d'Arcadie, au Centre Nord du Péloponnèse.

Styx
Le plus grand des fleuves des Enfers, dont l'eau rendait invulnérable (voir ce mot).

subalterne
Inférieur à d'autres.

Tarquin
Devint le premier roi étrusque de Rome. On lui doit les premiers grands travaux: assèchement du forum, Grand Cirque, temple de Jupiter Capitolin.

Thessalie
Région du Nord de la Grèce, baignée par la mer Égée.

Tigre
Fleuve de l'Asie occidentale, long de 1 950 km et se jetant dans le golfe Persique. Il limite (au nord), avec l'Euphrate (au sud), la région dite Mésopotamie (entre deux fleuves).

Titicaca
Grand lac des Andes entre la Bolivie et le Pérou.

Toltèques
Peuple indien qui domina le centre du Mexique jusqu'au XIIe siècle de notre ère (capitale: Tula).

transmigration
Passage d'une âme d'un corps dans un autre.

Troie
Citadelle d'Asie Mineure, à proximité de la mer Égée.

trolls
Créatures monstrueuses de la mythologie scandinave, qui ont le pouvoir de prendre la taille d'un nain. Les Norvégiens ont donné le nom de troll à la plate-forme « offshore » géante, capable d'alimenter en gaz l'Europe entière pendant cinquante ans.

Tyrinthe
Ville d'Argolide, à l'Est d'Argos (voir ce nom).

verdict
Jugement rendu.

Vestale
Prêtresse de la déesse Vesta, vouée au célibat.

vindicte
Poursuite punitive des fautes commises.

Voie lactée
Bande lumineuse, due à une grande densité d'étoiles, qui paraît traverser le ciel.

ziggourat
Édifice composé de sept plateformes superposées, de surfaces décroissantes, correspondant aux sept planètes connues des peuples de Mésopotamie.

Les chiffres en gras renvoient à la définition la plus complète du mot.

A

B

Imprimé en France par CLERC S.A.
18200 Saint-Amand-Montrond
Dépôt légal n° 0173-08/98
Collection n° 86 - Edition n° 02
16/6985/2

Crédits photographiques

Couverture : p. 1 au premier plan, poupée Katchina (esprit de l'ancêtre appelé le Grand-Père Navajo), bois, Indiens Hopi (États-Unis, Arizona), Paris, Musée de l'Homme © B. Hatala / Musée de l'Homme ; à l'arrière plan, coupe lacédémonienne représentant les punitions d'Atlas et de Prométhée, Rome, Vatican, Museo Gregoriano Etrusco © Scala ; p. 4 petite statue de femme (en bronze, dernière période de l'âge de bronze), dont la main gauche frappant la poitrine laisse à penser qu'il s'agit de Freyja, déesse germanique de la Fertilité, Copenhague, National Museum © Werner Forman Archive / Artephot.

Ouvertures de parties et folios : pp. 6-7 *Scène de Déluge*, tableau par Théodore Géricault, 1818-1820, Paris, musée du Louvre © Giraudon ; pp. 18-19 *Jupiter foudroie les géants*, fresque par Perin del Vaga, 1530, Gênes, Palazzo Doria © Scala ; pp. 40-41 *La Naissance de Vénus*, tableau par Sandro Botticelli, 1484, Florence, Galleria Nazionale degli Uffici © G. Dagli Orti ; pp. 50-51 *La Dispute d'Obéron et Titania*, peinture par Sir Joseph Noel Paton, 1850, Edinbourgh, National Galleries of Scotland © AKG ; pp. 60-61 *Väinämoïnen combattant Louki*, peinture par Akseli Gallen-Kallela, 1896, Turku, Turun Taidemuseo © K. Lehtinen / Turun Taidemuseo ; pp. 68-69 *La Fête de Camaxtli, divinité des fleurs*, peinture murale par Desiderio Hernandez Xochitiotzin, 1961, Tlaxcala, Palais du Gouvernement © G. Dagli Orti ; p. 82-83 *Mahana no Atua* (le jour des dieux), tableau par Paul Gauguin, 1894, Chicago, The Art Institute of Chicago © The Art Institute of Chicago.

Pages intérieures : p. 4 Gênes, museo d'Arte Orientale Edoardo Chiossone © G. Dagli Orti ; p. 5 San Giminiano, collégiale © Alinari-Giraudon ; p. 8 Turin, Museo Egizio di Torino © G. Dagli Orti ; p. 9a © Archives Hachette ; p. 9b Marseille, musée d'archéologie méditerranéenne © J. Bernard ; p. 10a Paris, musée du Louvre © G. Dagli Orti ; p. 10b Le Caire, Musée égyptien © G. Dagli Orti ; p. 11 Le Caire, Musée égyptien © G. Dagli Orti ; p. 12a Paris, musée du Louvre © G. Dagli Orti ; p. 12b Deir-ez Zer, musée © G. Dagli Orti ; p. 13a Paris, musée du Louvre © G. Dagli Orti ; p. 13b Paris, musée du Louvre © Varga/Artephot ; p. 14 Londres, The British Museum © The trustees of the British Museum ; p. 15 Naqh-I-Radjab © G. Dagli Orti ; p. 16a Paris, musée du Louvre © G. Dagli Orti ; p. 16b Paris, musée du Louvre © G. Dagli Orti ; p. 17a Iraklion, Archeological Museum © G. Dagli Orti ; p. 17b Cnossos, palais © G. Dagli Orti ; p. 20 Paris, musée du Louvre © H. Lewandowski / R.M.N. ; p. 21 Rome, Vatican, Museo Gregoriano Etrusco © Scala ; p. 22 Paris, Bibliothèque nationale de France, cabinet des Médailles © Bibl. nat. de France ; p. 23a Paris, musée du Louvre © H. Lewandowski / R.M.N. ; p. 23b © G. Dagli Orti ; p. 24 Athènes, Acropolis Museum © G. Dagli Orti ; p. 25 Venise, Museo Archeologico © G. Dagli Orti ; p. 26 Reggio Calabria, Museo Nazionale © G. Dagli Orti ; p. 27 Paris, musée du Louvre © R.M.N. ; p. 28 Paris, musée du Louvre © R.M.N. ; p. 29 Munich, Staatliche Antikensammlungen und Glyptothek © E. Lessing / Magnum ; p. 30 Paris, musée du Louvre © E. Lessing-Magnum ; p. 31 Paris, musée du Louvre © R.M.N. ; p. 32 Rome, Vatican, Museo Gregoriano Etrusco © Scala ; p. 33 Tarente, Museo Nazionale di Taranto © G. Dagli Orti ; p. 35 Paris, musée du Louvre © R.M.N. ; p. 36 Paris, musée du Louvre © R.M.N. ; p. 37 Paris, musée du Louvre © H. Lewandowski / R.M.N. ; p. 38 Rome, Palazzo delle Esposizioni © D. Pizzi / Ikona ; p. 39 Londres, The British Museum © The trustees of the British Museum ; p. 42 Paris, Bibliothèque nationale de France, cabinet des Médailles © Bibl. nat. de France ; p. 43a Palestrina, Museo Archeologico Nazionale © G. Lattanzi / Ikona ; p. 43b Paris, Bibliothèque nationale de France, cabinet des Médailles © Bibl. nat. de France ; p. 44a Rome, Antiquarium del Palatino © Scala ; p. 44b Tunis, Musée national du Bardo © G. Dagli Orti ; p. 45a Carthage, musée de Carthage © G. Dagli Orti ; p. 45b Deva, Muzeul judetean © G. Dagli Orti ; p. 46a Naples, Museo Archeologico Nazionale © G. Dagli Orti ; p. 46b Tunis, Musée national du Bardo © G. Dagli Orti ; p. 47a Paris, musée du Louvre © E. Lessing / Magnum ; p. 47b Maria Saal, église © E. Lessing / Magnum ; p. 48 Paris, musée du Louvre © G. Dagli Orti ; p. 49 Paris, musée du Louvre © G. Dagli Orti ; p. 52a Saint-Germain-en-Laye, musée des Antiquités nationales ©E. Lessing / Magnum ; p. 52b Saint-Germain-en-Laye, musée des Antiquités nationales © R.M.N. ; p. 53 Vienne, Österreichische Nationalbibliothek © Österreichische Nationalbibliothek ; p. 54a Copenhague, Nationalmuseet © E. Lessing / Magnum ; p. 54b église de Skog © Werner Forman Archive / Artephot ; p. 55 Stockholm, Statens Historiska Museum © G. Dagli Orti ; p. 56a Oslo, Universitetets Oldsaksamling © Universitetets Oldsaksamling ; p. 56b Scandibild / Artephot ; p. 57 Scandibild / Artephot ; p. 58 Forhistorisk Museum Moesgard © Werner Forman Archive / AKG ; p. 59a île de Man, Manx Museum © Werner Forman Archive / AKG ; p. 59b © Scandibild / Artephot ; p. 62a Paris, collection Musée de l'Homme © Ch. Mazur / Musée de l'Homme ; p. 62b Saint-Pétersbourg, musée de l'Ermitage © V. Terebenine ; p. 63 Saint-Pétersbourg, musée de l'Ermitage © V. Terebenine / Siny Most-Artephot ; p. 64 Kiev, musée historique © V. Terebenine ; p. 65a Saint-Pétersbourg, musée de l'Ermitage, D.R. ; p. 65b Saint-Pétersbourg, musée de l'Ermitage, D.R. ; p. 66 Paris, collection Musée de l'Homme © Ch. Mazur / Musée de l'Homme ; p. 67a Paris, collection Musée de l'Homme © M. Delaplanche / Musée de l'Homme ; p. 67b Paris, collection Musée de l'Homme © M. Delaplanche / Musée de l'Homme ; p. 70 Paris, collection Musée de l'Homme © D. Ponsard / Musée de l'Homme ; p. 71a Victoria, The Royal British Columbia Museum © Werner Forman Archive / Artephot ; p. 71b Paris, collection Musée de l'Homme © B. Hatala / Musée de l'Homme ; p. 72 Paris, collection Musée de l'Homme © B. Hatala / Musée de l'Homme ; p. 73a Churchill, Eskimo Museum, D.R. ; p. 73b Ottawa, National Museum of Man, D.R. ; p. 74a coll. part. © Werner Forman Archive / Artephot ; p. 74b Hull, Musée canadien des civilisations © Musée canadien des civilisations ; p. 75a Washington, Smithsonian Institution © Werner Forman Archive / Artephot ; p. 75b Paris, collection Musée de l'Homme © B. Hatala / Musée de l'Homme ; p. 76a Paris, collection Musée de l'Homme © J. Oster / Musée de l'Homme ; p. 76b Mexico, Museo Nacional de Antropologia © G. Dagli Orti ; p. 77a Mexico, Museo del Templo Mayor © G. Dagli Orti ; p. 77b Vienne, Museum für Völkerkunde © Museum für Völkerkunde Wien Foto-Archiv ; p. 78a Paris, Bibliothèque nationale de France, Manuscrits orientaux © Bibl. nat. de France ; p. 78b Paris, collection Musée de l'Homme © Musée de l'Homme ; p. 79a Paris, Bibliothèque nationale de France, Manuscrits orientaux © Bibl. nat. de France ; p. 79b Jalapa, Museo de Antropologia © G. Dagli Orti ; p. 80a Quito, Museo Arceologico del Banco Central del Ecuador © G. Dagli Orti ; p. 80b Paris, collection Musée de l'Homme © Kido / Musée de l'Homme ; p. 81 Londres, The British Museum © The trustees of the British Museum ; p. 84a coll. part. © Varga-Artephot ; p. 84b Paris, collection Musée de l'Homme © B. Hatala-Musée de l'Homme ; p. 85a Paris, collection Musée de l'Homme ©Ch. Mazur-Musée de l'Homme ; p. 85b Londres, The British Museum © The trustees of the British Museum ; p. 86 *Construction de la Tour de Babel*, peinture flamande du XVIe siècle, Sienne, Pinacoteca Nazionale di Siena © G. Dagli Orti ; p. 87 *Les Rois mages*, Ravenne, basilica Sant' Apollinare Nuovo © G. Dagli Orti ; p. 88 *Le Jardin d'Éden*, Londres, The Victoria & Albert Museum © Bridgeman-Giraudon ; p. 89 *Barque symbolisant la légende d'El Dorado*, art précolombien, culture Muisca, Bogota, Museo del Oro © G. Dagli Orti.